人生的最佳「獲利」模式

幸福力投資

陳浩然 著

HAPPINESS INVESTMENT

正確取捨×改變思路×果敢行動，

卸下外在累贅，迎接內在的豐盈

人生最好的投資，是經營自己的人品與態度；

擁有自律與智慧，你的幸福才能真正升值！

目錄

目錄

朋友——永不貶值的財富

交友是一種無價的投資

在生活中，每個人都需要朋友，沒有人能夠孤立地航行在人生的大海之中。朋友的重要性無庸置疑，影響著我們的視野、選擇與人生的方向。選擇什麼樣的朋友，便是選擇了什麼樣的人生。

真正的朋友是能夠理解你、包容你的缺點，並在關鍵時刻提供支持與鼓勵的人。友情的深度，不僅取決於朋友對你才能的欣賞，更關鍵的是對你弱點的包容與理解。比你強的人未必能成為你的朋友，比你弱的人，你又未必願意深交。最適合成為朋友的，往往是那些與你實力相當、價值觀相近的人。他們如同人生的尺度，映照出你的成長與選擇。

友情的本質與價值

真正的友情並非依賴頻繁的見面，而是即使多年未見，依然能夠在重逢的瞬間心靈交融，不需寒暄，即能恢復如昔。我們無法想像沒有朋友的生活，因為當我們遭遇困境、情緒低落時，朋友是我們情感的寄託與支持。即便一個人擁有學識與成就，若缺乏與他人的連結與同理心，生命將變得孤獨而乏味。

與優秀的人為友，能夠讓我們的人格、道德與學識受到薰陶，激勵我們在事業與人生中不斷精進。這種影響力難以估量，它的激勵與創造力能夠改變我們的視野，帶來無限可能。反之，若與消極怠惰的人為友，則可能削弱我們的意志，使我們的精神與理想漸趨墮落。因此，與能夠激發我們生命價值的人交往，比單純追逐名利更加珍貴，因為這種友情能讓我們的力量倍增。

有些性格過於堅強的人習慣依靠自己，不願向人求助，即便身處困境，也寧可選擇獨自承受。然而，這樣的性格往往導致他們與人保持距離，難以真正建立深厚的友情。他們的朋友，往往是那些同樣堅韌不拔的人，彼此雖不常親近，卻能從對方身上汲取力量。

友情的投資與回報

朋友越多，你需要付出的關懷與時間就越多，這是一種分享生命的過程。而當你願意為朋友付出，友情也會隨之增長與累積。若你不願在友情上投入，甚至拒絕分享，那麼最終可能失去舊有的友誼，陷入孤獨之中。完整的自我，若缺乏友情的滋養，也將變得孤立。

所謂「為朋友忙碌」，實則是為自己投資，因為這種付出包含了信任與期待。也許某天，朋友也會為你伸出援手。友情是一種儲蓄，珍惜並經營友情，不僅能確保它的價值不減，甚至會隨著時間的推移而增值。即使你未曾急需動用這筆「財富」，它也將在最關鍵的時刻為你提供幫助。

管仲與鮑叔牙的千古佳話

「管鮑之交」是流傳千年的友誼典範。春秋時期的管仲與鮑叔牙雖然家境懸殊，卻彼此信任、相互扶持。管仲貧困，鮑叔牙富有，兩人合夥經商時，管仲投資較少卻分得較多，鮑叔牙卻毫不介意，深知管仲家中負擔沉重。即便管仲曾多次出錯，鮑叔牙仍然包容他，並相信他的才能未曾被真正賞識。

後來，兩人分別輔佐不同的齊國王子。當鮑叔牙所輔佐的公子小白成功登基為齊桓公後，他不僅沒有爭取權位，反而大力舉薦曾經與自己立場對立的管仲，並坦言：「管仲比我更適合治理國家。」齊桓公最終接受建議，任命管仲為丞相，在管仲與鮑叔牙的合力治理下，齊國成為當時最強大的諸侯國，齊桓公亦成為春秋時期的第一位霸主。

友情的藝術

「千金易得，知己難求。」真正的友誼不在於數量，而在於品質。一生能得一知己，便已足矣。與朋友相交，需保持適當的距離，既不疏遠，也不過於依賴。在這樣的平衡之中，友誼才能歷久彌新。

有了朋友，生活便不再孤單。快樂時，朋友能讓歡樂加倍；悲傷時，朋友能幫助分擔憂愁。朋友是可以一起玩樂、討論、分享心事的對象，他們的關懷與理解能讓我們跳脫煩惱，重新擁抱生活的美好。擁有真正的朋友，是人生最珍貴的財富之一。

兄弟義氣的陷阱與危害

哥們義氣的危險案例

在某所高中，一起小小的餐廳爭執，竟演變成一場嚴重的暴力事件。高三學生小王與高一學生小李，因為盛飯時的摩擦發生口角，雙方互不相讓，飯後更是各自召集「兄弟」，相約在操場對峙。一場原本可透過對話解決的衝突，最終發展成集體鬥毆。期間，小王的朋友小明拿起磚頭重擊小李，導致對方重傷。最終，小明因故意傷害罪被判刑，其他參與打架的學生也須共同賠償小李 50 多萬元。這是一個典型的「哥們義氣」所引發的悲劇。

「哥們義氣」的本質

談論「哥們義氣」，首先要釐清其概念。「義氣」一詞自古有之，在歷史上常與忠誠、信義相連繫，例如《水滸傳》中梁山泊的「聚義廳」，以及劉備、關羽、張飛的「桃園三結義」。然而，真正的「義氣」應該基於正義與原則，而非盲目地維護小團體私利。

「哥們義氣」則帶有狹隘的小團體意識，它的核心是「只講情誼，不問是非」，為了朋友可以無視道德與法律，即便明知對錯，也選擇站在「自己人」的一方。這種扭曲的價值觀，常使人陷入無謂的爭端，甚至導致嚴重的犯罪行為。當個人利益受到威脅時，所謂的「哥們」往往選擇自保，最終受害的，仍是那些盲目相信「義氣」的人。

以義氣為名的悲劇

類似的悲劇並非少見。例如：小劉與小張是好友，有一天小張找上小劉，請他陪同討債。當兩人來到欠債人大剛的住處時，小劉在樓下等待，未曾參與談判。然而，小張與大剛因爭執而動手，最終小張持彈簧刀刺死大剛。

事後，小張回到小劉家洗去血跡，甚至還在他家休息、共進晚餐。警方介入後，小劉因未及時報警且為小張提供庇護，被指控涉嫌隱匿罪。他辯稱自己並不知情，只是出於「朋友情誼」沒有報案，然而這樣的行為已構成犯罪，最終面臨法律制裁。這樣的案例提醒我們，盲目追隨所謂的「哥們義氣」，很可能使自己誤入歧途，付出沉重的代價。

友誼與江湖義氣的界線

真正的友誼與「哥們義氣」有本質上的不同。講究「哥們義氣」的人，往往只在意小圈子的利益，為了維護「自己人」，即便違法犯紀也在所不惜。而對於圈外人，他們則冷漠以對，甚至敵視他人。這樣的關係並非真正的友誼，而是一種建立在利益上的利用關係，一旦利益衝突，這種「義氣」便不復存在。

相較之下，真正的友誼是建立在尊重與信任之上，講求原則與界限，不會因私情而犧牲是非。真正的朋友會在關鍵時刻勸阻你遠離危險，而非慫恿你盲目衝動。

避免哥們義氣的危害

對於陷入「哥們義氣」泥沼的青少年，我們應耐心引導，幫助他們理解友誼與江湖義氣的區別。改變觀念並非一蹴可幾，而需要長期的教育與引導。在日常生活中，人際摩擦難以避免，當面對非原則性的衝突時，應學會適時讓步與包容。

正如俗語所言：「退一步，海闊天空；讓三分，心平氣和。」真正的義氣，應該是正義的「義」，而非狹隘的「哥們義氣」。懂得區分這兩者，才能避免因一時衝動而造成無可挽回的遺憾。

如果有朋友，人生之路更寬廣

朋友在人生中的重要性

「在家靠父母，出門靠朋友。」這句古老諺語，道出了朋友在人生旅程中的不可或缺。朋友不僅是我們的情感依靠，更是我們在社會中成長與發展的重要支柱。缺乏朋友的人，往往難以獲得心靈慰藉與實質的支持，孤獨感也會隨之加深。

《紅樓夢》中曾提到：「萬兩黃金容易得，知心一個也難求。」偉大的科學家愛因斯坦也說過：「世上最珍貴的事，莫過於擁有幾個頭腦清晰、心地正直的朋友。」可見，真正的友情是一種無法用金錢衡量的寶貴資源。

友情的界線與尊重

友情不應受性別、地位或職業的限制，真正的朋友是能夠互相理解、平等相待的人。即便是位高權重的主管，也不應因其身份而刻意巴結，真正的友情建立在相互尊重與信任之上，而非利益交換或階級依附。

在與異性朋友相處時，更應懂得尊重彼此的界線，尤其當對方已有伴侶或家庭時，應該拿捏分寸，以避免不必要的誤解與困擾。友情與愛情雖然同屬情感關係，但兩者有明確的界線，適當的距離反而能讓友誼更加長久。

建立與維繫友誼的方法

友情需要經營與維護，以下幾點有助於建立深厚的人際關係：

積極主動：在人際互動中，主動關心他人，建立連繫。無論是寒暄問候，或是傾聽對方心聲，主動付出往往能夠拉近彼此距離。

學會包容：世界上沒有完全相同的兩個人，每個人都有自己的觀點與行為模式。學會包容與尊重不同意見，才能讓友情歷久彌新。

廣結善緣，慎選知己：朋友有不同層次，廣交朋友能拓展視野，而真正的知心朋友則需要時間來培養。在廣結善緣的同時，也應慎選能夠相互扶持、彼此信任的朋友。

真誠相待：友情的核心在於誠信與坦率。唯有以誠待人，才能建立穩固而真摯的友誼。

適時溝通，學會表達：即使是最親近的朋友，也難免會有意見分歧。適時溝通、表達不滿，能避免誤會積累，影響彼此關係。

選擇朋友的重要性

古語云：「近朱者赤，近墨者黑。」人的個性與行為，常受身邊朋友影響。因此，選擇朋友時應審慎考量，避免受到負面影響。心理學家將朋友分為六種類型：

1. **泛泛之交**：僅限於社交場合的點頭之交，關係較為表面。

2. **共同興趣的朋友**：因興趣或職場需求而建立的連繫。

3. **功利性朋友**：此類朋友以利益為重，當利益存在時，關係密切；當利益消失時，友誼也隨之淡去。

4. **可信賴的朋友**：彼此關係穩固，能夠相互信任與依靠。

5. **能夠交心的朋友**：擁有共同價值觀，能互相鼓勵與扶持。

6. **真正的知己**：無條件信任彼此，無論順境或逆境皆不離不棄。

如何成為別人值得深交的朋友

1. **提升自我，避免依賴**：友誼應該是互相扶持，而非單方面的依賴。個人成長與努力，能夠讓友情更加穩固。

2. **尊重朋友，避免控制**：相互尊重是友情的基礎。真正的朋友應該是平等的，而非一方支配另一方。

3. **學會包容，接納不完美**：每個人都有缺點，學會接受對方的不完美，才能讓友誼長久。

4. **信任與真誠**：常言道：「你希望別人如何對待你，你就應該如何對待別人。」只有在彼此信任的基礎上，友情才能歷久彌新。

友誼的價值 —— 患難見真情

俄國文學家車爾尼雪夫斯基曾說：「交朋友是為了在關鍵時刻能有可靠的依靠。」人生旅途中，難免會遇到困境，而真正的朋友會在你最需要幫助時，伸出援手。

英國學者達爾文則認為：「相比於名聲、榮譽、快樂與財富，友誼才是真正無可取代的寶藏。」真正的朋友，不會因環境變遷而疏遠，也不會在你遭遇困難時選擇離開。

珍惜友情，讓人生更美好

當我們以誠懇與熱情對待友誼，便能收穫真正的朋友。如俄國詩人普希金所言：「無論是動人的詩篇，優美的文章，還是閒暇的歡樂，都無法取代無比珍貴的友情。」擁有朋友，不僅讓人生更加豐富，也能在困境中提供支撐，讓我們的人生路途更加寬廣而精彩。

人生最珍貴的財富

友誼的真諦與影響

人生旅途漫長，我們無法孤身前行。朋友的存在，能夠豐富我們的生命，使我們在歡笑與淚水中找到依靠與共鳴。真正的友誼不僅是一種情感上的慰藉，更是一種人生的選擇，它影響著我們的視野、選擇與未來發展。友情並非一蹴可幾，而是需要用心經營的財富，它如同陽光，溫暖我們的靈魂，照亮我們的前路。

友情的價值與選擇

每個人都希望能結交值得信賴的朋友，而真正的友誼，不只是互相陪伴，更是相互提升。選擇朋友，其實就是選擇我們要成為什麼樣的人。與積極進取的人同行，我們的視野會開闊，思維會變得更深遠；與懶散消極的人為伍，則容易受到負面影響，甚至使人生陷入停滯。

友情的價值不在於見面的頻率，而在於心靈的契合。即使多年未見，真正的朋友仍能一見如故，心靈相通。這種超越時間與空間的情誼，是人生中最值得珍惜的寶藏。在友情中，我們學會理解與包容，學會如何與他人共處，也學會如何成就更好的自己。

友誼的經營與挑戰

然而，友誼並非一成不變，也並非毫無挑戰。隨著人生階段的不同，我們的價值觀、興趣、生活圈也會有所改變，這時候，朋友之間的距離可能會漸行漸遠。許多人在成長過程中，因為忙碌或現實壓力，逐漸與曾經親密的朋友疏遠，甚至因為誤解或衝突而決裂。如何維繫友誼，是我們都應該思考的課題。

真正的友誼需要雙方的努力與經營。誠信、尊重與包容，是維繫長久友情的關鍵。當朋友遭遇困難時，適時伸出援手，展現關心與支持；當彼此意見不合時，學會溝通與妥協，而非逞一時之氣。人際關係的維護，不在於計較付出多少，而在於願意為對方設想，珍惜彼此的存在。

珍惜友情，讓人生更豐富

真正的友誼是人生最珍貴的財富，它在我們低谷時提供支撐，在我們成功時共享喜悅。在現代社會，人與人之間的聯絡雖然比過去更加便捷，但真正的心靈交流卻反而變得稀缺。我們應當學會珍惜那些願意陪伴我們、理解我們的朋友，並用心經營這段關係。

人生路上，能有知己相伴，是莫大的幸福。願我們都能在友情中找到歸屬，在友誼的滋養下，成為更好的自己，讓生命因友情而更加燦爛多彩。

愛情的選擇與取捨——幸福人生的抉擇

愛情與幸福的關聯

愛情是人類最美好的情感之一，在幸福的體驗中占有極大的比重。千百年來，人們以各種方式表達對愛情與婚姻的嚮往，甚至認為擁有愛情就等同於擁有幸福。然而，愛情的現實並不總是那麼純粹，有些人不計後果地追逐愛情，而另一些人則在愛情與婚姻的矛盾中困惑不已——究竟是為了結婚而戀愛，還是因為愛情才步入婚姻？

這個問題並無標準答案。愛情的歷史與人類文明一樣悠久，《詩經》中首篇〈關雎〉便描繪了男女相戀的畫面：「關關雎鳩，在河之洲。窈窕淑女，君子好逑。」雖然詩詞訴說著愛情的美好，但現實卻往往不同。愛與被愛的感覺，與人生中的其他情感一樣，會有開始也可能會結束。即使曾經的愛情再深刻，隨著時間流轉，真正陪伴一生的往往是那位相濡以沫的伴侶。這段關係或許沒有當初的熱烈激情，卻在歲月的沉澱中化作甘醇的溫暖。維繫這份感情的不僅僅是愛情，更是一種生活的依靠與相互的需求。

現實與愛情的拉扯

隨著時代的變遷與社會的發展，人口流動日益頻繁，人們在異地相遇、相識、相戀的機會大大增加。然而，愛情往往無法抵擋現實的壓力，特別是在學生時期的戀情，更容易在畢業後面臨現實考驗。

許多大學生在校園裡相識相戀，四年時間裡共享歡樂與悲傷，然而畢業後，愛情卻常常成為現實下的犧牲品。一份調查顯示，大學情侶畢業後分手的比例超過一半，因為求職、經濟壓力、家庭期望等現實問題，讓愛情變得脆弱不堪。例如：小高與女友在大學時形影不離，但畢業後，小高因求職不順，壓力倍增，而女友則在父母的安排下順利進入一家待遇優渥的企業。兩人見面的時間減少，爭吵增多，最終無奈地選擇分手。

這樣的故事並非個案，許多學生都明白，校園戀愛更多是純粹的情感交流，而當踏入社會後，愛情開始受到現實條件的考驗。經濟能力、職業發展、家庭因素等，成為決定戀情能否繼續的重要關鍵。愛情固然美好，但缺乏現實基礎的愛情，往往難以長久維繫。

愛情與婚姻的本質區別

現實是沉重的，而愛情是浪漫的。現實充滿條件，而愛情則無條件。在學生時期，戀人眼中只有彼此，生活中無論發生何種變故，都願意共同承擔。然而，在愛情中，即使是微小的忽略，也可能導致傷害與失落。這樣的純粹戀情，往往過於理想化，容易讓人迷失自我，一旦遭遇現實的衝擊，就可能瞬間崩解。

而婚姻則是另一種形式的陪伴。兩個人可能並非因為愛情結合，但若能夠相互扶持、包容理解，婚姻生活依然能夠帶來穩定的幸福。這類關係的核心，不再是愛情的激情，而是彼此的習慣與依賴，最終轉化為深厚的親情與陪伴。

如何選擇自己的愛情

人們常說：「愛情不一定等於婚姻，婚姻也不一定是愛情。」這句話揭示了感情與生活的不同層面。在人生的旅途中，每個人都應當清楚自己真正想要的是什麼——是浪漫而純粹的愛情，還是穩定而長久的陪伴？

1. 選擇愛情，就要接受它的不可預測性

若選擇追求愛情，就必須接受它可能無法融入長久的生活。愛情的本質是感覺，而感覺會隨時間改變。因此，若執意追求轟轟烈烈的愛情，就不能對未來的穩定性過度苛求。

2. 選擇婚姻，就要學會經營關係

婚姻是一種長期的承諾，依賴的是彼此的責任感與適應能力，而非單純的愛戀。若選擇與某人共同生活，就應放下對愛情的幻想，將注意力轉向如何在生活中相互扶持，建立穩定的關係。

3. 學會取捨，才能找到真正的幸福

無論是愛情還是婚姻，都不會十全十美。過度追求完美，反而容易錯失適合自己的幸福。關鍵在於了解自己的需求，選擇適合自己的人生方向，並在愛情與現實之間找到平衡。

愛情與現實的智慧抉擇

愛情與婚姻各有其價值，沒有絕對的對錯。重要的是，每個人都應該清楚自己真正想要的是什麼，並為此負起責任。選擇愛情，就不要過度苛求長久的穩定；選擇婚姻，就不要執著於愛情中的激情與浪漫。

真正的幸福，來自於清楚自己的需求，並在愛與生活之間，做出最適合自己的選擇。

維繫愛情，不讓婚姻成為束縛

「婚姻是愛情的墳墓。」這句話常被人引用，似乎一旦步入婚姻，愛情就會消逝無蹤。然而，也有人認為婚姻是愛情的延

續，愛情則是婚姻的基礎。在情感世界裡，愛情無疑是最為善變的一種，要讓愛情持久，婚姻提供了一種穩定的結構；要讓婚姻充滿幸福，則需要為愛情不斷注入新鮮感。然而，許多人因無法妥善處理愛情、婚姻與生活三者的關係，而使自己陷入情感的困境。

理解這三者的關係，有助於我們在現實生活中做出更明智的選擇。以下三個故事，生動地說明了愛情、婚姻與生活的不同本質，也引導我們思考該如何經營一段穩固而長久的感情。

柏拉圖與蘇格拉底的啟示

愛情的本質：選擇與遺憾

柏拉圖曾向老師蘇格拉底請教：「什麼是愛情？」

蘇格拉底讓他走進一片麥田，規則是不能回頭，途中只能摘取一株最飽滿、最好看的麥穗，而且只能摘一次。柏拉圖信心滿滿地出發了。然而，當他一路走來，不斷猶豫是否會遇到更好的選擇，最終走到田地盡頭時，他卻空手而回。

蘇格拉底對他說：「這就是愛情。」

這個故事告訴我們，愛情往往是一種選擇，也是一種遺憾。

許多人在愛情中總是猶豫不決，害怕錯過更好的選擇，卻不知機會稍縱即逝，當錯過時，往往已經回不了頭。

婚姻的現實：妥協與承擔

柏拉圖又問：「什麼是婚姻？」

這次，蘇格拉底讓他走進一片杉樹林，規則與上次相同，只是這次，他要選擇一棵最適合作為聖誕樹的杉樹。學會前次的教訓後，柏拉圖很快選擇了一棵雖然不算完美，但還算直挺翠綠的樹帶回來。

蘇格拉底告訴他：「這就是婚姻。」

婚姻與愛情不同，它不是一場永無止盡的尋找，而是在有限的選擇中做出承諾。婚姻不是完美的，但它需要我們在合適的時機，做出理性的決定，並願意為這個選擇負責。

生活的智慧：成長與陪伴

最後，柏拉圖問：「什麼是生活？」

這次，蘇格拉底讓他進入花園，不僅可以自由選擇花朵，還能來回走動。三天後，蘇格拉底發現柏拉圖在花園中安營紮寨，選擇住在一朵最美的花旁邊。

「為什麼不摘下來？」蘇格拉底問。

柏拉圖回答：「如果摘下來，它很快就會枯萎，我寧願在它盛開時陪伴它，等它凋謝後，再去尋找下一朵花。」

蘇格拉底微笑道：「這就是生活。」

生活不在於執著於單一選擇，而是學會適應、接受變化，並找到與之共存的方法。在婚姻中，我們應當學會不只是「擁有」對方，更要學會「陪伴」與「共同成長」。

如何讓愛情與婚姻共存

這三個故事告訴我們，愛情、婚姻與生活各有不同的本質。愛情需要勇敢選擇，婚姻需要承擔責任，而生活則需要持續的適應與經營。婚姻與愛情並非對立，而是相輔相成的關係，關鍵在於如何維繫兩者的平衡。

理解彼此，選擇適合自己的婚姻

在進入婚姻之前，應當清楚自己想要的生活方式，以及對於婚姻的期待。選擇與自己價值觀相合的人，才能讓關係走得更遠。

讓婚姻保有愛情的溫度

許多人在結婚後，會將重心轉移至工作、家庭責任，而忽略了愛情的經營。然而，真正幸福的婚姻，應該能夠持續保持愛情的浪漫與新鮮感，例如安排約會、共同旅行、製造驚喜，讓彼此感受到持續被愛的溫度。

尊重對方的家庭與朋友圈

好的婚姻不只是兩個人的結合，更是兩個家庭的融合。如果能夠認同並接納對方的家庭與朋友，婚姻生活將更為和諧。

保持溝通，不讓壓力掩蓋感情

生活的壓力往往會影響夫妻之間的關係，因此，在忙碌之餘，應該保留屬於彼此的私人時間。一起聊天、分享彼此的想法與心情，能夠讓感情更加深厚。

共同成長，讓愛情與婚姻同步發展

婚姻不該只是責任的束縛，而應該是共同進步的旅程。夫妻雙方應該在婚姻中成長，鼓勵彼此追求夢想，讓生活保持熱情與活力。

經營婚姻，不讓愛情消逝

婚姻並不是愛情的終點，而是一種更深層次的承諾與陪伴。選擇婚姻的人，應該意識到愛情需要經營，而不是等待它自然發展。如果懂得如何在婚姻中保有愛情的溫度，學會理解、包容與成長，那麼婚姻不僅不會埋沒愛情，反而會讓愛情更加深厚，使彼此攜手走向真正的幸福。

懂得珍惜，才不會留有遺憾

愛，是不能等的

人生中，有許多「後來才明白」的道理，而這些道理往往伴隨著無法挽回的遺憾。如果你身邊有一個真正愛你的人，請一定要珍惜。很多時候，人們總是習慣被愛，卻未曾細想對方的付出，甚至將這份愛視為理所當然。然而，當那個一直關心你、陪伴你的人離開了，你才會驚覺，自己曾擁有過多麼珍貴的幸福。

習以為常的關心，最容易被忽略

志軒與佳穎結婚五年，剛開始的時候，他們相互依賴，生活充滿甜蜜。佳穎總是細心地照顧志軒，每天準備他愛吃的早餐，天冷時提醒他添衣，出門時叮囑他開車小心。志軒雖然感受到這份關心，卻逐漸將這一切視為理所當然，甚至偶爾會覺得她有些「嘮叨」。

有一次，志軒的工作變得忙碌，回家越來越晚，甚至有時候乾脆睡在辦公室。佳穎總是打電話來：「你今天幾點回來？晚餐還熱著呢。」起初，志軒覺得很窩心，但久而久之，他開始不耐煩，覺得妻子管太多。有一次，他忙著應酬，把手機調成靜音，回到家時，看見佳穎坐在客廳，眼睛紅腫，顯然剛哭過。

「妳怎麼了？」志軒皺眉。

「我打了好多通電話，你都沒接……」

「手機沒電了，有什麼好擔心的？」志軒漫不經心地回應。

佳穎低聲說：「我不是想管你去哪裡，而是怕你有事……」

志軒敷衍地拍拍她的肩，安慰了幾句，心裡卻沒當回事。

等到失去，才懂得珍惜

日子久了，志軒越來越不在乎佳穎的關心，甚至覺得她囉嗦。有一次，他和朋友去打牌，佳穎來電：「什麼時候回家？」

「晚點！」

「已經很晚了，明天還要上班，你快回來吧。」

「別吵了！」志軒不耐煩地回了一句，直接關機。

那晚，外面下起了大雨，他玩到天亮才回家。然而，當他回到家時，門緊鎖著，家裡空無一人。正當他納悶時，手機終於重新開機，一連跳出十幾通未接來電。就在這時，電話響了，是岳母的聲音：「志軒……佳穎……她昨晚冒雨出門找你，出了車禍……醫生說，她沒能撐過來……」

志軒呆住了，渾身發冷。他顫抖著打開手機，看到最後一條未讀訊息：「你忘了嗎？今天是我們的結婚紀念日……我去接你了，別亂跑，我帶著傘。」

他再也忍不住，淚水奪眶而出。

真正的珍惜，是在擁有時就懂得感恩

很多人，在擁有時不覺得珍貴，直到失去了，才後悔莫及。被愛時，總覺得對方的關心是負擔，總覺得彼此的相處過於平淡，但當那個人真的離開了，才發現原來自己擁有過這麼溫暖的幸福。

珍惜愛你的人，不能只是說說而已，而是應該落實在日常的行動中：

學會感謝對方的付出

愛你的人，會為你做許多小事，但這些小事並非理所當然。學會表達感謝，哪怕只是一句簡單的「謝謝」，都能讓對方感受到你的重視。

別讓愛變成單方面的付出

兩個人的感情應該是互相支撐，而不是讓其中一方無條件地付出，另一方卻無動於衷。適時回應對方的關心，讓彼此的愛更加平衡。

多留些時間給對方

工作、朋友、娛樂都很重要，但真正愛你的人才是最值得珍惜的。不要因為忙碌，而忽略了與對方相處的時間，因為有些人一旦錯過，就再也回不來了。

不要讓遺憾發生後才學會珍惜

這世界上，最無法挽回的就是時間和生命。當你還擁有對方時，請好好珍惜，別等到來不及了，才後悔當初沒有好好對待他。

把握當下，珍惜愛你的人

愛情不是理所當然，而是需要經營與珍惜。不要等到失去後，才明白對方的重要性，不要讓後悔成為無法彌補的傷痛。如果你身邊有一個真正愛你的人，請用心去體會、去感謝、去回應，因為幸福從來不是必然，而是彼此珍惜的結果。

家庭——幸福的避風港

孝順不能等，愛要及時

在現代社會，許多年輕人為了事業與生活奔波，忙碌的節奏讓他們鮮少有時間陪伴父母。有時即使回到家，與父母的交流也變得有限，甚至對父母的關心感到厭煩，認為他們的嘮叨不過是瑣碎小事。然而，當某一天發現父母已經老去，甚至來不及再給他們一個擁抱時，才明白「樹欲靜而風不止，子欲養而親不待」的沉痛道理。

難道我們真的忙碌到連陪伴父母的時間都沒有了嗎？其實，時間並不僅僅取決於行程安排，而在於我們的心態與選擇。現代人往往把更多的精力投入在事業與社交中，卻忽略了那份最純粹的親情。孝順不是一個遙遠的承諾，而應該是日常的點滴行動。

代溝，讓我們越來越遠嗎？

父母與子女之間，常因成長背景不同而存在觀念上的代溝。例如：當年輕人熱衷於流行文化時，父母可能會覺得這些東西浮躁不實；而當父母喜愛聽京劇或傳統音樂時，年輕人則可能覺得這些過於老派，難以理解。當我們習慣了超前消費，享受即時滿足的生活方式，父母卻可能會因為一點生活開銷斤斤計較，認為子女花錢太過隨意。當我們因愛情義無反顧，父母卻會告誡我們要考量現實條件，擔心子女在情感中受傷。

這些看似雞毛蒜皮的日常分歧，卻往往讓彼此的關係變得緊張。我們希望父母理解我們的選擇，但卻很少站在他們的角度去看待問題。其實，父母對子女的愛與擔憂，無論表達方式如何，都是發自內心的。與其把時間花在爭論誰對誰錯，不如試著包容與理解，珍惜與父母相處的時光，讓彼此的關係更加和諧。

時間不等人，孝敬從現在開始

回首人生，與父母相處的時光其實並不多。小時候，我們依賴父母，他們是我們最可靠的避風港；長大後，我們忙於工作，回家的時間越來越少，而父母依舊在深夜為我們留一盞燈，等待著我們的歸來；結婚後，我們把重心放在伴侶與孩子身上，漸漸忽略了父母的需求；當我們終於明白他們的付出與不易時，才發現歲月已經帶走了他們的健康與活力。

其實，孝順不需要驚天動地的大行動，而是落實在日常的點滴關懷中。陪伴父母吃一頓飯、與他們聊聊天、定期帶他們出門走走，這些小小的舉動，都能讓父母感受到來自子女的愛與溫暖。

孝順不只是物質，更是精神上的關懷

許多人以為，孝順就是給父母錢、買禮物、提供舒適的生活條件。但對於父母而言，真正的孝順是「心靈的陪伴」——他們最希望的，不是金錢，而是子女的關心與問候。

1. **多打電話問候**：即使不能常回家，也要經常與父母聯絡，分享生活點滴，讓他們知道你的近況。

2. **節假日團聚**：逢年過節，帶著家人一起回家，讓父母感受到家庭的溫暖。

3. **耐心聆聽，不嫌嘮叨**：父母的話語或許重複、瑣碎，但這是他們關心我們的方式，請耐心傾聽，不要急於打斷。

4. **陪伴父母做他們喜歡的事**：無論是一起散步、看電視，還是陪他們逛市場、吃頓家常菜，這些時刻對他們而言都是彌足珍貴的。

別讓遺憾發生後才學會珍惜

現代社會中，許多子女因為忙碌，無法經常陪伴父母，甚至在父母生病時也無暇照顧。當父母突然離世，才驚覺「來不及」是這世上最沉重的遺憾。

一位朋友的故事讓人深思。他因為工作繁忙，總是找藉口延後回家探望父母。母親曾多次打電話來：「有空就回來吃飯吧。」他總是回應：「等這段時間忙完了就回去。」然而，就在某一天，他接到家裡的電話：「媽媽走了……」他才恍然發現，母親最後的願望，只是想和他一起吃頓飯。可是，他連這麼簡單的願望都未曾滿足。

「如果當時有回去就好了……」這樣的懊悔，卻再也換不回任何東西。

孝順不能等，愛要及時

人生最沉痛的遺憾，莫過於「當我想孝順時，父母卻已不在」。父母的愛是無條件的，他們不求回報，只希望能與子女多一些相處的時光。我們能做的，就是趁他們還在，趁我們還有機會，給予他們最溫暖的關懷。

孝順，從來不是一句口號，而是一種行動。從現在開始，暫時停下手邊的忙碌，拿起電話給父母報個平安，或是抽空回家陪他們吃頓飯。因為在這個世界上，沒有什麼比「子女的陪伴」更能讓父母感到幸福。

親子關係的落差

現代社會節奏快，許多家長忙於工作，導致與孩子的相處時間越來越少。根據一項「家庭教育調查」，大多數家長每天與孩子相處的時間僅有四個小時左右，而這四個小時中，孩子多半是在看電視或讀書，真正的親子互動時間少得可憐。更令人擔憂的是，家長與孩子的交流往往只停留在「學業指導」上，而非孩子真正渴望的「心靈交流」。

家長希望孩子成績優秀、才藝出眾、聽話懂事，因此將時間與精力投入在課業與升學壓力上，卻忽略了孩子內心真正的需求 —— 陪伴與關心。這種落差，使得許多孩子在成長過程中感到孤單，甚至出現叛逆行為，導致親子關係逐漸疏遠。

缺乏陪伴，孩子會變得難以管教

近年來，許多家長與老師抱怨，現在的孩子越來越難管，表現為缺乏耐心、沉迷於網路與遊戲、學業退步，甚至出現對抗心理。這些問題的根源之一，就是孩子與父母之間缺乏真正的溝通。

值得注意的是，缺乏溝通並不等於缺乏管教。有些家長管得很嚴，卻仍然無法建立良好的親子關係，這是因為嚴厲的管束並不能取代真正的陪伴與交流。當孩子感受不到親情的溫暖，他們容易產生反向心理，或變得膽小怕事，這些都不利於健康成長。

陪伴的方式，比時間更重要

陪伴孩子，不只是簡單地待在一起，而是要用心參與孩子的生活。以下幾種方法可以幫助家長與孩子建立更深厚的親子關係：

陪孩子玩，讓學習變得有趣

遊戲是孩子最自然的學習方式。在玩耍中，家長可以潛移默化地教導孩子生活技能。例如：當孩子有浪費食物的習慣時，不要直接責備，而是利用機會讓他了解食物珍貴的道理；在公共場所玩耍時，可以引導孩子學習愛護公物、維持環境整潔。這樣的教育方式，比單純的說教更有效，也能讓孩子更容易接受。

聊天時選擇適合孩子的話題

家長與孩子溝通時，應該避免一味地問功課，而是選擇孩子感興趣的話題。例如：問問孩子學校裡發生了什麼有趣的事、聊聊他的朋友，甚至分享自己一天的經歷，這樣能夠拉近彼此的距離，讓孩子更願意與家長交流。

一起看電視，培養思辨能力

看電視不應該只是單方面的娛樂，而是親子溝通的契機。例如：看劇時可以和孩子討論角色的行為對錯，培養他們的價值觀；看科學節目時，可以鼓勵孩子一起動手做實驗，激發探索精神。

鼓勵孩子參與家庭活動

孩子不只是家中的一員，更應該參與到日常生活中。在安全的前提下，讓孩子幫忙做家事，例如掃地、整理房間，或是在修理東西時遞送工具，這些小小的參與，能夠讓孩子感受到家庭的歸屬感，也能學習到實用的生活技能。

陪伴從小開始，不要等到問題出現才補救

許多家長直到發現孩子變得冷漠或叛逆時，才意識到要多陪伴，但此時，孩子可能已經對家長產生了距離感，甚至不願意分享內心想法。因此，真正有效的陪伴，應該從小開始，讓孩子在成長過程中自然地建立對家長的信任。

那麼，在現代社會中，家長應該如何擠出時間陪伴孩子呢？以下幾點建議，可以幫助忙碌的父母找到適合自己的方式。

如何在忙碌的生活中陪伴孩子？

學會擠出時間

無論工作多忙，都應該留出固定時間給孩子。哪怕每天只是短短的半小時，全心全意地陪伴，也能讓孩子感受到你的關心。不要總是把孩子交給長輩或保姆，因為父母的愛與影響力，任何人都無法取代。

學會陪孩子玩樂

孩子在嬰幼兒時期，就開始需要父母的陪伴與刺激。這個階段的學習速度快，家長應該多與孩子互動，例如講故事、玩益智遊戲，而不是讓孩子長時間自己待著，缺乏親子交流。

陪伴的素養比時間更重要

孩子與父母的關係，是塑造人格的基礎，尤其是在學齡前階段，家庭的影響力最大。家長不應該只是「有時間就陪」，而應該有意識地關心孩子的內心世界，學會傾聽，並以正向的方式引導他們成長。

特別提醒：忙碌的家長也可以做到的陪伴方式

打電話關心：如果因工作原因不能經常陪伴孩子，可以利用電話或視訊，與孩子聊聊生活近況，但要避免一開口就是「有沒有寫作業？」這樣的話題，而是多問問他今天過得怎麼樣，讓孩子感受到你的關心。

珍惜家庭時間：無論是打工族、創業者還是職場高管，應酬與娛樂應適度控制。例如：少參加一次不必要的聚會，少玩一次牌或少喝一次酒，這些時間都可以用來陪伴孩子。

利用假期創造美好回憶：忙碌的家長可以在週末或節假日安排親子旅行、野餐，或者簡單地一起去公園散步，這些經驗對孩子的成長有深遠的影響。

給孩子最好的禮物，就是你的陪伴

孩子的成長只有一次，錯過了，就無法重來。親情的培養，需要從日常的陪伴做起，而不是等到問題出現時才補救。

家庭是孩子成長的搖籃，父母的陪伴與引導，決定了孩子未來的人格發展。無論你有多忙，請記住 —— 孩子真正需要的，不是昂貴的禮物，而是你真心的陪伴與關愛。讓我們從今天開始，多花點時間陪伴孩子，讓親子關係更加緊密，為孩子的未來奠定良好的基礎。

幸福家庭需要經營

婚姻的挑戰與經營之道

許多夫妻在結婚一段時間後，常會產生疑問：為何婚後生活不如預期美好？為何伴侶似乎變得冷淡？為何夫妻之間缺少默契？要回答這些問題，首先需要理解，婚姻和其他人生重要事務一樣，除了擁有美好的開始，還需要長期維護與用心經營，才能確保婚姻的幸福與穩固。

婚姻中的雙方就如同一個完整句子中的主詞，無論誰在前誰在後，都需要共同努力來維持平衡。若任意一方選擇逃避或懈怠，婚姻關係便容易出現裂痕。因此，想要擁有幸福家庭，夫妻必須持續付出，懂得如何經營婚姻，才能保持彼此的愛與尊重。

婚姻需要細心維護

隨著時代的變遷，現代人越來越意識到婚姻需要經營，沒有人願意維持一段沒有情感的婚姻，更無法忍受彼此之間的疏離與冷漠。婚姻就如同一盆植物，需要適時澆水、施肥、接受陽光，才能茁壯成長。當夫妻之間忽略了這些細節，婚姻關係便容易出現問題。

許多人認為「成功男人的背後總有一位偉大的女性」，雖然這句話並非絕對真理，但確實點出婚姻中雙方的互補性。然而，傳統的「男主外、女主內」觀念已逐漸被現代社會所調整，現今的夫妻關係更講求平等與共同承擔。夫妻應該學會生活，善待彼此，如同人際互動中常說的：「生活就像一面鏡子，你對它微笑，它也會回應你的微笑。」如果雙方都抱持著「為何我要先付出」的心態，生活中便容易充滿埋怨與摩擦。

婚姻的不同階段與挑戰

婚姻並非靜態的，而是隨時間發展而變化。夫妻從新婚階段開始，需要完成從個體到伴侶的角色轉換，逐步適應彼此的生活習慣與價值觀；養育子女的過程則是一大挑戰，夫妻需在兼顧家庭與事業的同時，維繫彼此的情感需求；而到了中年，隨著子女漸漸獨立，夫妻之間的互動與感情是否穩固，便成為影響婚姻幸福的重要關鍵。

許多人誤以為結婚十多年後，婚姻已經穩定，不再需要特別經營。然而，若夫妻未能持續投入時間與心力，關係便可能逐漸變得疏離。婚姻就像一項長期投資，若不積極經營，最終可能面臨破裂的風險。

如何有效經營婚姻

重視婚姻生活：夫妻應共同認知到婚姻是人生的重要基石，並願意持續為之努力。定期檢視婚姻現況，討論彼此的需求與期望，針對可能的問題尋求解決方案。例如：有些丈夫常以工作忙碌為由忽略家庭，而部分妻子則可能因照顧孩子與長輩而忽略伴侶的感受。若雙方都未能關注彼此，長期下來婚姻關係便容易產生隔閡。

建立良好溝通與信任：夫妻之間的信任與溝通至關重要，應該避免隱瞞或欺瞞對方。例如：有些人為了不讓另一半擔心，選擇隱藏工作上的困難或健康問題，但這樣的做法反而可能讓對方感到被排除在外，削弱彼此的親密感。夫妻應共同面對生活中的挑戰，攜手解決問題，而非各自承受壓力。

滿足彼此的心理需求：幸福的婚姻不僅需要物質的穩定，也需要心理與情感上的滿足。心理學研究指出，每個人在親密關係中都希望得到關懷與理解，夫妻應適時展現不同的角色，如在對方生病時給予關懷、在討論事情時保持理性，並在適當的時機帶給對方驚喜或浪漫，以維持感情的新鮮感。此外，無論日常生活多忙碌，夫妻仍應安排專屬的相處時間，如一起散步、看電影或規劃短途旅行，藉此增加彼此的互動與連結。

保護婚姻，避免破壞性行為：在維持婚姻的過程中，夫妻應避免無意間破壞彼此的關係。例如：爭吵時應就事論事，避免使用傷害性言語或翻舊帳，否則只會加深矛盾。此外，應尊重彼此的生活習慣與偏好，例如若妻子不喜歡在家養寵物，丈夫便不應為了個人喜好而強行決定，否則容易造成不必要的摩擦。長期忽略對方的意見或需求，將使婚姻關係逐漸變得脆弱。

經營幸福婚姻的關鍵

婚姻的經營需要耐心與智慧，夫妻雙方應共同努力，以包容與理解為基礎，透過溝通、尊重與陪伴，讓婚姻關係更加穩固。幸福的婚姻並非偶然，而是長期努力的成果，唯有願意投入心力去維護，才能真正享受相知相惜、白頭偕老的美好人生。

人生最大的幸福
——平安與和諧的人際關係

安全第一：旅途中的自我保護

在現代社會，無論是出門旅遊還是日常通勤，安全始終是首要考量。特別是在自駕旅行時，我們不僅要遵守交通規則，還應學習各種安全防範措施，以確保自身與同行者的安全。以下幾點可作為出行時的安全參考：

停車時的防範措施

停車後，務必上鎖車門，並將貴重物品妥善收好，避免放置於車內顯眼處。許多人認為包內沒有貴重物品，然而，竊賊往往不會事先確認，他們可能先破壞車窗，再發現車內無值錢物品。因此，離開車輛前，請確保所有私人物品已經妥善存放。

行駛中保持警覺

在行車過程中，應隨時鎖好車門，避免路人趁停車時打開車門搶奪物品。即便有人敲窗求助，也應先透過後視鏡觀察周圍情況，避免掉入詐騙陷阱。如遇到可疑情況，可立即撥打報警專線求助，以確保自身安全。

避免在偏僻地區停車

夜間或偏僻路段應儘量避免停車，尤其是在高速公路行駛時，要特別注意高架橋上是否有異常狀況。例如：有不法之徒會利用彈弓擊碎擋風玻璃，藉此勒索高額維修費。因此，遇到類似情況應減速行駛，並保持高度警覺。

確保車輛防盜裝置正常運作

離開車輛前，應確認方向盤鎖、後車廂鎖及底盤鎖是否確實上鎖。同時，使用遙控鎖車後，應手動拉動車門把手，以確保車鎖確實生效，防止犯罪分子利用電子干擾設備解鎖車門。

避免不必要的爭執

在人際交往中，意見分歧是難以避免的，但處理不當可能會導致不必要的衝突，影響人際關係與個人情緒。有效避免爭執的關鍵在於尊重彼此的觀點，學會換位思考，並保持冷靜的溝通態度。

爭執的主要原因

- **改變現狀的企圖**：部分人希望透過爭執來改變某些事物，或強迫對方接受自己的觀點。
- **尋求關注**：有些人刻意製造對立，以引起他人注意。
- **情緒宣洩**：有些人因個人情緒問題，喜歡挑起爭端，發洩不滿。

對於第一類人，可以讓對方充分表達意見，再透過理性溝通化解分歧。面對第二、三類人，則應先判斷其動機，避免陷入無謂的爭論。特別是對於單純喜愛爭辯的人，不妨以微笑回應，轉移話題，而非試圖糾正對方的觀點。

從歷史人物學習應對衝突的智慧

美國前總統威廉．麥金利在面對激烈的抗議時，選擇保持沉默，讓抗議者發洩情緒後，再以溫和的語氣回應：「現在你們覺得好些嗎？」此舉不僅讓抗議者冷靜下來，也使他們開始反思自己的態度。最終，這些人雖未完全理解總統的立場，卻在心理上接受了他的決策。

美國前總統亞伯拉罕．林肯曾說：「寧可給一隻狗讓路，也比和牠爭吵而被牠咬一口好。」這句話提醒我們，與其與人爭論，不如選擇更高明的方式解決分歧，避免無謂的消耗。

薩姆．雷本曾表示：「如果你想與人融洽相處，那就多多附和別人吧。」這並非指盲目迎合，而是強調在溝通中要學會尊重他人的觀點，避免因爭執而破壞彼此的關係。

如何有效避免爭論

尊重不同的意見：當他人指出你的錯誤時，應虛心接受，並理性討論，避免因個人情緒而陷入爭執。

不急於辯解：過於固執己見可能導致無休止的爭吵，應先冷靜分析對方的觀點，再決定如何回應。

保持誠實與坦然：當發現自己有錯時，應坦承面對，而非試圖掩飾，這樣更容易獲得對方的諒解。

尋找共同點：許多爭論的根源在於觀點的分歧，若能在對話初期尋找共識，將能有效降低爭執的可能性。

平安與和諧才是人生最大的幸福

無論是在日常生活還是旅途中，安全與和諧的關係才是人生最大的幸福。透過提高自身的安全意識，我們能夠更好地保護自己與家人；透過學習溝通技巧與情緒管理，我們能夠減少不必要的爭論，維護良好的人際關係。學會在爭執中保持冷靜、尊重不同的意見，才能真正獲得內心的平安與生活的幸福。

平安才是真正的幸福

珍惜生命，守護平安

曾有一位因交通事故重傷入院的病患，在病床上深刻體悟：「平平安安才是真正的幸福。」然而，在日常生活中，是否每個人都做好了守護自身與家人平安的準備？無論人生經歷如何，祈求平安始終是人類共通的願望。正如阿佛烈．諾貝爾（Alfred Nobel）所言：「生命，那是自然給人類雕琢的寶石。」這顆寶石需要我們珍惜與呵護，唯有安全與健康，才能承載我們對未來的期盼。

生死無常，平安最重要

生命的無常，讓我們無法預測明天會發生什麼。無論是社會菁英還是普通百姓，沒有人能逃脫生老病死的規律。在名利場中，有些人為了仕途不惜勾心鬥角，費盡心機地爭奪權勢。然而，當風光不再，便只剩下落寞與失落。正如古語所說：「人無千日好，花無百日紅。」金錢與地位或許能帶來短暫的榮耀，但唯有健康與平安，才能帶來長久的幸福。

那些因貪婪而不斷追逐權勢與財富的人，最終或許會發現，當生命走向終點時，所有的物質財富都變得毫無意義。正如俗話所說：「世界上最痛苦的事，就是人死了，錢還沒花完。」真正的幸福，不是擁有無窮無盡的財富，而是能夠平安地度過每一天，與家人共享天倫之樂。

從災難中領悟平安的價值

1999 年 9 月 21 日，臺灣發生了震驚世界的 921 大地震，在短短 102 秒內，無數家園成為廢墟，許多生命驟然消逝。倖存者深刻體會到，生命的脆弱與無常，而最珍貴的，正是擁有平安的每一天。在災難中存活下來的人，雖然失去了家園與親人，但只要生命仍在，一切都能重新開始。只要還能呼吸，就有希望；只要雙手還能觸摸這個世界，就能創造未來。

對於那些失去親人的人而言，痛苦或許無法輕易抹去，但在未來的旅途中，仍需懷抱希望，堅強前行。平安，才是生命中最重要的財富，也是每個人應該珍惜的福氣。

知足常樂，淡泊明志

人生短暫，許多人終其一生都在追逐名利，卻忽略了真正的幸福來自內心的平靜。歷史上的貪官和珅，擁有富可敵國的財富，卻因貪婪無度，最終被嘉慶皇帝處死。這樣的例子屢見不鮮，提醒著我們 —— 若不能知足，便會被欲望奴役，失去生活的樂趣。

真正的智慧，是懂得取捨，活得自在。幸福並非來自無止境的追求，而是懂得感恩當下，珍惜眼前的美好。正如古人所說：「閒看庭前花開花落，去留無意，漫隨天外雲卷雲舒。」放下過度的執著，才能擁有真正的安穩與快樂。

讓平安成為人生最珍貴的禮物

人生是一場未知的旅程，無法預測前方的風雨，但我們可以選擇以平和的心態面對一切。無論世界如何變化，願我們都能珍惜平凡中的幸福，遠離不必要的爭執，懂得知足與感恩。唯有心懷愛與包容，才能讓世界更加美好，讓人生更加圓滿。

平安是福，平安是愛，平安才是真正的幸福。願我們都能珍惜擁有的每一天，讓平安成為人生中最珍貴的禮物。

健康——
金錢買不到的珍貴財富

運動——維持健康的最佳良藥

每個人都希望擁有健康的體魄，但真正的健康並非僅止於沒有疾病，而是身心皆處於良好狀態。然而，在現代社會中，許多人因貪圖享樂或生活壓力過大，養成了不健康的習慣，例如暴飲暴食、熬夜追劇、長時間久坐、缺乏運動等，彷彿把自己的身體當成一個無限透支的「健康存款帳戶」，直到身體出現警訊才驚覺健康的重要性。

事實上，健康是一種無法用金錢買到的財富，而保持健康的最佳方式就是規律運動。運動不僅能促進新陳代謝，增強心肺功能，還能改善心情、提升免疫力，甚至延長壽命。因此，養成良好的運動習慣，才能真正掌握自己的人生。

運動對健康的多重益處

1. 運動能提升心情，減少壓力與焦慮

當你經歷了一天的忙碌與壓力，運動能刺激體內釋放多種「快樂荷爾蒙」，如腦內啡（Endorphins），這些物質能有效緩解焦慮，使人心情愉悅。此外，規律的運動還能提升自信心與自尊心，讓你對自己的身心狀況更加滿意。

2. 預防慢性疾病，提升免疫力

現代許多疾病，如心血管疾病、糖尿病、高血壓、骨質疏鬆等，都與久坐、缺乏運動有關。適量的運動能夠降低壞膽固醇（LDL），增加好膽固醇（HDL），促進血液循環，減少動脈阻塞的風險。此外，運動能提高免疫系統功能，使身體更能抵抗疾病與感染。

3. 有助於體重管理，預防肥胖

肥胖不僅影響外觀，更會增加高血壓、糖尿病及心臟病的風險。透過規律運動可以增加熱量消耗，幫助維持健康體重。即便沒有時間從事高強度運動，簡單的步行、爬樓梯、散步等日常活動，也能有效促進新陳代謝，避免脂肪堆積。

4. 增強心肺功能，提高體能

運動能夠促進血液循環，增加氧氣輸送，使心臟與肺部的功能更加強健。當心肺功能提升後，你的耐力與體能也會隨之改善，讓你在日常活動中更加輕鬆，不易感到疲勞。

5. 改善睡眠品質，提升專注力

良好的睡眠對於健康至關重要，而規律運動能幫助調節生理時鐘，使人更容易入睡，並提升深度睡眠的時間。此外，運動能促進血液循環，使大腦獲得充足的氧氣與養分，提高專注力與記憶力。

6. 讓運動變成樂趣，持之以恆

許多人認為運動是一件苦差事，但其實運動可以很有趣！不論是跳舞、游泳、爬山、騎自行車，甚至是與朋友一起參加團體運動，都能讓鍛鍊變得更加有趣。如果覺得單調，還可以嘗試不同的運動方式，例如瑜珈、拳擊、健身課程等，讓運動成為生活的一部分，而不是一項枯燥的任務。

7. 規律運動有助於延年益壽

俗話說：「生命在於運動。」研究顯示，缺乏運動的人，相較於有規律運動習慣的人，早逝的風險高出 **31%**。長期運動不僅能預防心臟病、癌症，還能降低罹患失智症的風險，讓晚年生活更健康、更有活力。

健康是無價之寶，運動是最好的投資

無論你年齡多大、生活多忙碌，運動都是值得投資的習慣。它能夠提升身心健康，讓你擁有更長壽、更充實的人生。健康不是一蹴可幾的，而是來自持之以恆的運動與良好的生活習慣。從今天開始，選擇一種你喜歡的運動方式，讓健康成為你最珍貴的財富，因為 —— 金錢買不到健康，而健康卻能帶給你無限的可能！

養成良好的作息習慣，守護健康與活力

規律生活，健康的基石

隨著現代生活節奏加快，人們的作息模式日益多樣化，然而，**熬夜、飲食不規律、缺乏運動等壞習慣**，正悄悄侵蝕著健康。良好的作息習慣不僅能提升身體機能，還能有效延年益壽。**健康來自於日常的自律與堅持，規律的生活方式才是維持身心健康的關鍵**。

科學的作息應包括**休息與飲食**兩大方面，兩者相輔相成，才能讓身體維持最佳狀態。

良好的休息習慣，讓身體恢復活力

1. 早睡早起，維持生理時鐘平衡

充足的睡眠能促進新陳代謝，幫助身體修復與排毒。然而，長期熬夜會造成免疫功能下降、內分泌失調、記憶力衰退，甚至增加心血管疾病的風險。因此，維持固定的睡眠時間，避免長期熬夜，對於身體健康至關重要。

2. 午睡提升精神與效率

適當的午睡能幫助減輕壓力，提升工作與學習效率。研究顯示，午睡 20 ～ 30 分鐘的效果，甚至比晚上多睡 2 小時還要來得有益。即便沒有足夠的時間，也可以閉目養神，讓身體短暫放鬆，提升下午的精神狀態。

3. 保持良好的睡眠環境

睡前避免使用電子產品，減少藍光對生理時鐘的干擾。此外，睡前泡個熱水澡、聆聽輕音樂，也有助於放鬆身心，提高睡眠品質。

規律飲食，維持身體健康

1. 固定三餐時間，維持穩定的能量供應

- **早餐**：起床後 20 ～ 30 分鐘內進食最佳，有助於穩定血糖，提升腦部運作效率。

- **午餐**：應在 12：00 左右進行，避免過度飢餓影響工作與專注力。
- **晚餐**：建議在晚上 6 點至 7 點間食用，並避免過量進食，以降低消化系統的負擔，減少肥胖與胃食道逆流的風險。

2. 避免暴飲暴食與節食

暴飲暴食容易造成腸胃負擔、血糖波動，甚至導致肥胖與代謝異常；而過度節食則會降低免疫力，影響內分泌系統的穩定。均衡飲食才是維持健康的關鍵。

3. 適量補充水分

水分是人體代謝不可或缺的要素，建議每天攝取 **1.5 ～ 2 公升**的水，避免脫水導致疲勞與代謝變慢。

如何科學安排每日作息？

7：30 起床：這是人體最佳的醒來時間，避免過早或過晚起床影響血液循環。

8：00 早餐：進食高蛋白、高纖維的早餐，如水煮蛋、全麥麵包、燕麥，避免空腹喝咖啡。

9：30 高效工作：剛起床後的 1 ～ 2 小時內，大腦處於最清醒的狀態，適合處理較為複雜的工作與學習。

12：00 午餐：補充足夠的營養，確保下午有穩定的能量來源。

13：30 午休 20 ～ 30 分鐘：短暫午睡能有效降低心血管疾病的風險，提升午後的精神狀態。

16：00 健康點心：適量補充水果或優酪乳，維持血糖穩定。

17：00 ～ 19：00 運動時間：根據人體生理時鐘，這段時間是運動的最佳時機，能有效提升肌肉與心肺功能。

19：30 晚餐：晚餐以清淡飲食為主，避免攝取過多油脂與糖分。

21：45 放鬆時刻：可以聽音樂、閱讀，適度放鬆心情。

23：00 熱水澡：能幫助降低體溫，促進睡眠品質。

23：30 睡眠：每天維持 **7 ～ 8 小時**的睡眠，讓身體充分修復與調整。

人體器官排毒時間表

人體的運作猶如一座精密的工廠，每個器官都有其特定的排毒時間，規律作息有助於促進身體代謝與自我修復：

21：00 ～ 23：00：免疫系統（淋巴）排毒，此時應放鬆或聆聽輕音樂。

23：00 ～ 1：00：肝臟排毒，需進入深度睡眠才能進行修復。

1：00 ～ 3：00：膽囊排毒，肝膽相連，良好的作息可減少結石形成的風險。

3：00～5：00：肺部排毒，此時若有咳嗽症狀，應避免服用抑制劑，以利排出痰液。

5：00～7：00：大腸排毒，建議早上固定如廁，養成規律排便習慣。

7：00～9：00：小腸吸收營養，此時吃早餐最有助於消化與營養吸收。

健康生活，從規律作息開始

良好的作息習慣能夠維持人體機能的正常運作，減少疾病的發生率，並提升生活品質。透過早睡早起、固定三餐、適度運動、維持良好睡眠環境，我們可以確保身心健康，讓生活充滿活力。健康並非一蹴可幾，而是需要持之以恆的自律與堅持。從今天開始，調整你的作息，讓健康成為你最寶貴的資產！

做事業，不要拚命犧牲健康

過度工作，健康的隱形殺手

在這個高壓快節奏的社會，許多上班族為了事業拚盡全力，精神高度緊繃，長時間超負荷工作，導致晚上難以入睡，身體機能逐漸透支。社會競爭激烈，許多人為了證明自己的價值，不惜壓縮休息時間，甚至犧牲健康。然而，近年來，年輕人過勞猝死的案例屢見不鮮，這無疑為我們敲響了警鐘——工作固然重要，但健康才是人生最珍貴的資產。

沒有健康，一切都無從談起。真正成功的人，並非只懂得埋頭苦幹，而是懂得如何在努力與休息之間找到平衡，維持身心最佳狀態。學會適時放鬆，才能讓工作更高效，讓人生更長遠。

休息與工作並行，才能長久發展

1. 工作與休息相輔相成

俗話說：「不會休息的人，就不會工作。」休息與工作並非對立，而是互相促進的。適當的休息能幫助大腦恢復專注力，提高工作效率，使人更具創造力與決策能力。因此，企業管理者與員工都應意識到，休息不是浪費時間，而是提升效率的重要手段。

2. 積極休息與消極休息的平衡

休息分為**積極休息**與**消極休息**兩種形式：

積極休息：指的是運動、旅行、閱讀、音樂欣賞等有助於舒緩壓力的活動。正如戰國時期的呂不韋所言：「流水不腐，戶樞不蠹，動也。」適量運動能夠改善血液循環，提升心肺功能，讓身體保持活力。

消極休息：則是指睡眠、閉目養神等方式，讓身體在靜態狀態下恢復能量。睡眠是人體最重要的修復機制，長期睡眠不足會影響記憶力、免疫力，甚至增加罹患慢性病的風險。

3. 優質睡眠是健康的關鍵

人的一生有三分之一的時間都在睡眠中度過，充足且高品質的睡眠對於維持健康至關重要。睡眠可分為慢相睡眠（深層睡眠）和快相睡眠（快速動眼期），其中深層睡眠能有效恢復體力，增強免疫系統，而快相睡眠則有助於記憶與學習能力的提升。

根據研究，成年人最佳的睡眠時間為 7 ～ 9 小時。如果長期熬夜，將導致內分泌失調、心律不整、免疫力下降，甚至增加心血管疾病與癌症的風險。因此，無論工作多忙，都應保持固定的作息時間，確保充足睡眠。

從成功人士學習如何平衡工作與休息

許多人誤以為，成功人士都是「廢寢忘食、夜以繼日」地工作，實際上，許多成就非凡的人，反而更懂得休息的重要性，他們之所以能長時間保持高效，正是因為懂得如何適時放鬆，恢復精力。

1. 溫斯頓・邱吉爾（Winston Churchill）

英國前首相邱吉爾在二戰期間承擔著沉重的領導責任，工作壓力極大，但他仍然保持每天午睡 1 小時，晚上 8 點前再補眠 2 小時，並且在車上也會利用時間閉目養神。正是這樣的作息習慣，使他在高壓環境下依然精力充沛。

他的名言：「當我卸下制服時，也就把責任一起卸下了。」說明了工作與生活的分界線，適當放鬆，才能持久發揮最佳狀態。

2. 美國總統威廉・霍華德・塔夫脫（William Howard Taft）

塔夫脫在競選美國總統時，仍然堅持優質睡眠。當選舉結果公布時，許多政界人士想在凌晨 1 點拜訪他，但他的看門人卻說：「主人已入睡，不管選舉結果如何，今晚不再見客。」這充分展現出他對休息的重視，也讓他能以最佳狀態應對挑戰。

3. 美國百貨巨擘斯偉特

斯偉特也是一位極度重視睡眠的企業家，每天晚上 10 點準時入睡，即使發生百貨公司大火，他仍然不願在深夜接電話，並要求所有事情等到早上 7 點再討論。他的做法或許極端，但卻提醒我們 —— 真正的高效來自良好的作息，而非長時間工作。

如何打造健康的工作與休息平衡？

固定作息時間：每天維持規律的睡眠時間，確保身體得到充分休息。

工作與休息交替：每工作 50 ～ 60 分鐘，就短暫休息 5 ～ 10 分鐘，讓大腦與身體獲得調整。

養成午睡習慣：研究顯示，每天午睡 20 ～ 30 分鐘，能降低 37%的心血管疾病風險。

適量運動：每週至少 3 ～ 5 次運動，每次 30 ～ 60 分鐘，有助於提升體力與專注力。

保持心理平衡：學會適時放鬆，例如聆聽音樂、閱讀、旅行，避免長期處於高壓狀態。

別做「賠本生意」，健康才是最好的投資

在追求事業成功的同時，我們不能忽略健康這筆最重要的資本。工作雖然重要，但沒有健康的身體，一切努力都將變得毫無意義。許多頂尖成功人士都明白高效工作與良好休息是相輔相成的，學會適時放鬆，才能讓自己走得更長遠。

與其拚命透支健康，不如學會有效管理時間，找到工作與生活的平衡點。健康的身體，才是我們在人生道路上最重要的本錢。請記住，真正的贏家，不是最拚命的人，而是懂得如何長久保持高效與活力的人。

責任與信任 —— 忠誠的價值

忠誠：職場中的無形資產

在現今職場中，「跳槽」已成為許多人的選擇，原因可能是尋求更高薪資、更好的發展機會，或是對原本的環境感到不滿。然而，頻繁跳槽的背後，除了職涯發展的考量，也反映出一個更深層的議題 —— 忠誠度的降低。

忠誠不僅是一種道德價值，更是一種職場競爭力

在現代社會，忠誠已成為決定一個人能否長期發展的重要因素之一。人才市場的競爭早已不僅限於技術與能力，更關乎個人的價值觀與穩定性。缺乏忠誠的員工難以贏得企業的長期信任，也不易在團隊中建立穩固的合作關係。

試想，如果一個人頻繁轉換工作，無法長期投入在同一個組織中，他的職場價值是否能夠穩定提升？忠誠不僅對企業有益，對個人職涯的發展同樣至關重要。

忠誠的真正意義

忠誠，並非盲目服從，而是對自己的事業負責。忠誠展現在主動工作、強烈的責任心、認真完成每一項任務，並且能夠站在公司的立場思考問題，而非只計算個人得失。

1. 忠誠是一種責任感

對自己的選擇負責，對團隊負責，對自己所從事的工作全力以赴，這才是真正的忠誠。一個忠誠的員工，會把公司當成自己的事業來經營，無論面對什麼困難，都不會輕易放棄。

2. 忠誠是一種長遠的投資

許多人認為，頻繁跳槽可以讓薪資快速成長，但從長期發展來看，這樣的做法可能會影響職場信用與專業累積。忠誠於一個公司，可以讓你在該領域中建立深厚的專業能力與人脈資源，未來的發展空間也會更加廣闊。

3. 忠誠帶來更強的團隊信任

一個忠誠的員工，能夠贏得上司的信任、同事的支持，並且在團隊中建立穩固的合作關係。這樣的人，無論在哪個領域，都更容易獲得晉升機會與更多發展資源。

跳槽的代價

有些人認為，不斷跳槽可以獲得更好的職位與薪資，但事實上，頻繁轉換工作可能會帶來以下問題：

- **缺乏累積**：不同公司的文化與工作模式不同，頻繁轉換環境，可能會導致經驗與專業能力的斷裂，影響長期發展。
- **信任危機**：企業在招聘時，會考慮員工的穩定性。如果一位求職者的履歷顯示他每隔一年或兩年就跳槽一次，企業可能會質疑他的忠誠度與責任感。
- **職場聲譽受損**：企業之間的資訊流通越來越快，若在職場上留下「不穩定」的印象，未來的發展將受到影響。

成功學家曾說：「如果你是忠誠的，你就會成功。」這並不意味著必須死守一間公司，而是要對自己的選擇負責，懂得堅持與累積。

如何在職場中展現忠誠

1. 積極投入，展現責任感

無論職位高低，做好每一件事，展現對工作的熱情與敬業精神。

2. 建立長期目標，而非短期利益

忠誠不代表要永遠待在同一家公司，而是要在選擇職涯時，思考長遠發展，而非只是追逐眼前的薪資增長。

3. 避免消極抱怨，尋找解決方案

忠誠的員工不會遇到問題就選擇離開，而是會積極尋找解決方案，讓自己成為問題的解決者，而非逃避者。

4. 尊重同事與企業文化

忠誠不只是對公司負責，更是對團隊負責。尊重他人的努力，並與團隊共同成長，才能建立真正的職場價值。

忠誠帶來長遠成功

在這個競爭激烈的時代，企業不僅需要有能力的人，更需要有忠誠度的人。忠誠是一種選擇，也是一種智慧 —— 它讓我們能夠在變動的世界中建立穩固的職場基礎，累積真正的價值。

真正成功的人，不是頻繁更換環境的人，而是能在同一環境中深耕，並累積價值的人。忠誠不是束縛，而是一種對自我價值的長期投資。唯有如此，才能在職場中贏得信任，開創更光明的未來。

做好自己分內的事——
責任與成就的基石專注本分，踏實前行

在這個充滿機會與誘惑的世界，人們的選擇越來越多，目標也變得更為多元。然而，在追求更高成就的過程中，許多人往往忽略了最基本的道理——做好自己分內的事。

成功的關鍵，並非取決於一個人擁有多強的能力，而是是否能夠專注於當下，踏實地完成自己的職責。唯有穩紮穩打，才能在事業與人生的道路上持續前進。

「天下大事，必作於細」——從小事做起

古語有云：「天下大事，必作於細；天下難事，必作於易。」意思是說，任何宏大的成就，都始於細節的累積。

在職場與生活中，許多人只關心未來的成功，卻忽略了腳下的每一步。事實上，只有當你把小事做到極致，才能奠定成就的基礎。

1. 俄羅斯克里姆林宮的清潔工

一位在克里姆林宮工作的老清潔工曾說：「我的工作與總統沒什麼不同，他管理俄羅斯，我打理克里姆林宮。每個人都應該專注於自己的分內事。」這句話說明了無論職位高低，每個人

都是整個社會機器中的關鍵一環。如果每個人都盡心盡力，社會才能順利運轉。

2. 日本郵政大臣的職場哲學

日本的一位郵政大臣，年輕時曾擔任飯店的廁所清潔工。她始終保持一絲不苟的態度，甚至讓廁所潔淨到可以喝下馬桶裡的水。她的故事告訴我們 —— 沒有哪一份工作是卑微的，只有對工作負責與否的區別。

無論身處什麼職位，都應該全力以赴，因為這不僅代表了你的職業態度，更決定了你的未來發展。

不積跬步，無以致千里

許多人希望快速成功，卻忽略了成功來自於長期的積累與不斷的努力。

豐田汽車的副總經理史蒂夫．斯特姆（Steve Sturm）曾表示：「豐田的成功不是一蹴可幾，而是經過長時間的學習與堅持。我們一直專注於做好分內的事。」

這句話點出了企業與個人成長的核心 —— 只有穩扎穩打，累積經驗，才能建立長遠的競爭力。

1. 忠於職責，才能獲得尊重

許多人希望獲得別人的認可，卻忘了最重要的條件 —— 把自己的工作做到極致。職業無貴賤之分，關鍵在於是否能夠做到最好。當你願意認真對待自己的工作，你的價值自然會被看見。

2. 一心一意，才能邁向成功

現實中，一些人總是只想當將軍，卻不願當士兵；只想當總經理，不願當員工。然而，真正的成功不是來自不切實際的幻想，而是來自腳踏實地的積累。

若只想「搭便車」，卻不願意努力付出，最終只會讓自己錯失成長的機會。

明確定位，發揮最大價值

「在其位，謀其政。」孔子的這句話點出了「做好分內事」的真正價值 —— 清楚自己的定位，專注於應負的責任。

現代職場競爭激烈，許多人忙於與他人比較，卻忽略了最根本的事情：做好自己該做的事，才能創造長久的價值。

1. 長壽之道：了解自己的極限

英國的長壽老人亨利．艾林漢姆（Henry Allingham）享嵩壽 113 歲，他認為長壽的關鍵在於：「做好分內之事，不要越俎代庖，了解自己的極限。」

這不僅適用於健康，也適用於職場與人生 —— 專注自己該做的事，避免操心過多無法掌控的事務，才能真正獲得內心的平靜與成功。

2. 把小事做大，才有資格承擔大事

許多成功人士在早期職涯時，都從最基礎的工作做起，並在自己的崗位上做到極致。

當你的工作態度足夠專業，你自然會獲得更多機會，進而迎來更高層次的發展。這是一種穩健的成功模式，而非僥倖得來的機會。

成就來自於專注

在這個充滿選擇的世界裡，我們往往容易迷失，總是想著「還有更好的機會」，卻忘了當下最重要的事情 —— 把自己分內的事做好。

無論職位高低，無論環境如何變化，真正決定一個人未來的，不是外在的條件，而是是否能夠穩穩地走好每一步。

當你願意專注於本分，並且持續提升自己的能力，你的價值終將被看見，成就自然會隨之而來。

推卸責任 —— 成功的絆腳石

責任，是成功的基石

在現實生活與職場中，我們經常看到這樣的現象 —— 人們習慣於邀功，卻不願承擔失敗的責任。當事情順利時，許多人會搶著把功勞歸於自己；然而，一旦出現問題，卻往往急於推卸責任，甚至找各種藉口來掩飾自己的過失。

事實上，真正成功的人並不是從不犯錯，而是懂得承擔責任，從錯誤中學習與成長。

負責任的人，往往能夠贏得他人的信任與尊重，而習慣推卸責任的人，則會逐漸失去別人的信賴，甚至影響自身的職涯發展。林肯曾說：「逃避責任，難辭其咎。」

因此，學會承擔責任，是邁向成功的重要一步。

推卸責任的藉口與後果

1. 把責任歸咎於他人

「這件事不是我的決定，所以我不需要負責。」

這樣的心態在職場中十分常見，當一個人不願承擔責任時，往往會把問題推給上司、同事或環境。然而，一個有責任感的人，會選擇主動尋找解決問題的方法，而不是只會抱怨與指責。

2. 拖延與敷衍

「這段時間我很忙，我會盡快處理。」

許多人習慣用「忙碌」當作藉口，讓事情一拖再拖，結果影響團隊進度，甚至造成更大的問題。責任感強的人，則會主動分配時間，確保工作能夠按時完成。

3. 拒絕學習與成長

「我沒學過這個，這不在我的專業範圍內。」

這是一種典型的逃避心態。在快速變遷的時代，學習新事物是每個人必須具備的能力。真正有責任心的人，會選擇主動學習，而不是用無知來推託責任。

4. 害怕競爭，缺乏進取心

「我們無法超越競爭對手，因為他們比我們強太多了。」

有些人遇到競爭時，選擇退縮，找各種理由來說服自己放棄。真正成功的人，不會把困難當作藉口，而是尋找突破的方法，努力提升自己。

5. 只接受榮譽，拒絕責任

「成功是我的功勞，但失敗是別人的錯。」

如果一個人只願意享受成功的果實，卻不願承擔風險與責任，最終只會讓他人對他產生不信任感，甚至影響他的職場發展。

責任感，讓人成長與成功

1. 勇於承擔錯誤，才能贏得信任

負責任的人，不會推卸錯誤，而是選擇坦然面對，並積極尋求解決方案。例如：美國前司法部長珍納．李諾（Janet Reno）在德州瓦柯鎮的邪教事件中，儘管承受巨大壓力，仍然勇於承擔責任，她的態度讓輿論逐漸轉向支持政府的決策。真正的領導者，絕不會在危機時刻推卸責任，而是會站出來扛起重擔。

2. 停止找藉口，專注於解決問題

成功的人與平庸的人之間的最大區別，在於面對困難時的態度。平庸的人會找藉口，為自己開脫；成功的人則會思考如何解決問題。與其花時間編織藉口，不如將精力用來尋找解決方案。

3. 承擔責任，提升個人能力

當一個人願意承擔更多責任，他的能力也會隨之提升。例如：在職場中，負責任的員工往往能夠獲得更多機會，因為上司更願意把重要的任務交給可信賴的人。長期下來，這些人也更容易獲得升遷與發展的機會。

4. 責任是一種習慣，一種人生境界

勇於承擔責任的人，能夠從每一次挑戰中學習，逐漸建立起堅強的心態與專業能力。當責任成為一種習慣，人生的道路也會變得更加順暢。

如何培養責任感

◆ **主動承擔，而非被動接受**

當問題發生時，不要等別人來要求你負責，而是主動站出來，尋找解決方法。

◆ **誠實面對自己的錯誤**

勇敢承認錯誤，並從中學習，而不是試圖掩飾或推卸責任。

◆ **停止抱怨，專注於行動**

抱怨只會浪費時間，真正的改變來自於行動。

◆ **培養解決問題的能力**

與其找藉口，不如思考如何解決問題，提升自己的能力，讓自己更有價值。

◆ **建立長遠的思維模式**

推卸責任可能會讓你短期內避免責罵，但從長遠來看，這只會讓你失去信任與機會。因此，每一次選擇都應該考慮未來的影響。

承擔責任，開創更美好的未來

在這個競爭激烈的世界中，推卸責任只會讓人陷入停滯，而承擔責任則能讓人成長與進步。

負責任的人，能夠贏得信任，擁有更廣闊的發展機會；而習慣推卸責任的人，則會逐漸被淘汰。

因此，無論是在職場、家庭或人生的任何領域，勇敢承擔自己的責任，才能真正掌控自己的命運，邁向成功的未來。

求人不如求己——成就自己，創造未來

自立自強，掌握命運

在生活中，許多人習慣依賴他人，總希望遇到困難時，有貴人相助、機會降臨。然而，真正的成功，往往來自於自己的努力，而非依賴外界的援助。

有句話說：「求人不如求己，自助者天助之。」這不僅是一種生活態度，更是一種影響人生軌跡的重要哲學。

依賴他人，不如依靠自己

在困難面前，人們經常會選擇尋求外界幫助，希望藉由別人的力量解決問題。然而，過度依賴他人，會讓自己失去獨立思考與解決問題的能力，最終讓人生陷入被動。

1. 求人，會讓自己變得卑微

當我們習慣向他人尋求幫助，久而久之，便會變得依賴，失去獨立性。反之，若能靠自己的努力去解決問題，則能建立強大的自信與實力。

2. 求己，能夠真正成長

真正有成就的人，都明白一個道理 —— 成功來自於自己的努力，而非外界的恩賜。當你選擇靠自己時，儘管過程可能艱辛，但最終收穫的將是無可取代的能力與經驗。

困境中的突破 —— 逆境自強

許多成功的案例，都證明了**求己比求人更有價值**。真正能夠突破困境的人，都是那些在挫折中找到機會、在挑戰中不斷學習的人。

1. 逆向思考，創造機會

2020 年，全球因疫情爆發，許多行業陷入低潮，無數人失去工作。然而，有些人並沒有選擇等待救助，而是主動尋找新機會。例如：

- 餐飲業者轉型外送服務，開發線上訂餐系統，成功度過危機。
- 失業者透過線上學習掌握新技能，轉戰數位行業，開啟新職涯。

這些人沒有抱怨環境，也沒有依賴外界幫助，而是選擇靠自己適應變化，最終成功翻轉人生。

2. 自己的問題，自己負責

如果一個人總是把問題歸咎於環境、時機或他人，那麼他永遠無法進步。相反，當我們選擇承擔責任時，就等於為自己創造了成長的機會。

一位年輕的創業家在疫情期間失去了穩定的收入，他並沒有選擇放棄，而是開始學習數位行銷，並將自己的專業知識轉化為線上課程，最終開創了新的事業。他的成功，不是來自於求助，而是來自於求己。

掌握自己的命運

「沒有人陪你走一輩子，所以你要學會適應孤獨；沒有人會幫你一輩子，所以你要奮鬥一生。」這句話深刻揭示了人生的現實——只有依靠自己，才能真正決定自己的未來。

1. 勇於行動，改變現狀

許多人習慣於等待，期望機會從天而降。然而，機會從來不會主動找上門，只有願意行動的人，才能真正把握住未來。

2. 停止抱怨，積極尋找方法

當問題發生時，與其抱怨，不如積極尋找解決方案。轉換思維，才能發現更多可能性。

3. 相信自己的力量

真正的強者，並不是依靠他人，而是憑藉自己的努力，不斷前行。只要你願意相信自己，願意付出行動，就一定能夠開創屬於自己的成功之路。

行動才是關鍵

求人不如求己，這不僅是一句簡單的道理，更是一種強大的行動力法則。人生的每一步，都取決於自己是否願意努力、是否勇於面對挑戰。

只有依靠自己，才能真正掌控命運，創造屬於自己的未來。

苦難是最好的老師

「苦難是人生的老師」，這是著名文學家巴爾札克（Honoré de Balzac）說過的一句話。苦難是通往真理的最好老師，它激發了我們潛在的能力，磨練了我們的意志、性情和耐力，教會我們如何認識真理。苦難能磨練人的性格和毅力，能教會人們學會對付成功的方法。如果沒有經歷過挫折與困境，許多偉大的成就將無法誕生。

苦難塑造偉大

苦難對於弱者來說是無底深淵，但對於一個有能力的人來說，苦難則是一筆財富，甚至是成為偉人的墊腳石。拉梅奈曾說：「不懂得苦難的裨益的人，並未過著聰明而真實的生活。」沒有苦難的折磨，就不會有崇高思想的生成。許多成功人士的故事，無不證明了這一點。

苦難中的堅韌與成長

沒有經歷過磨難的人就好比一枝長在溫室裡的花朵，沒有風雨的侵襲擊打，永遠也不會擁有迎著風雨搏鬥的勇氣。磨難是生活中最全面的老師，也是一把能夠準確地衡量出人生的標尺，它能讓人們從中窺視出自己的成長軌跡，並鍛鍊出堅強的意志。

曾有一位年輕企業家，在疫情期間面臨公司倒閉的風險，他並沒有選擇放棄，而是開始學習數位行銷，將傳統業務轉向電商模式，最終成功將企業轉型，甚至比疫情前更加穩固。這樣的案例告訴我們，苦難能使人成長，只要我們願意從中學習並適應變化。

逆境中的突破

世上最精緻的瓷器，都要經過無數次的煅燒。沒有經過煅燒的瓷器，永遠不會堅固和精美。正如人需要經歷挫折，才能真正強大。

在運動界，許多頂尖選手都曾遭遇過重大的傷病挑戰。例如：2021 年東京奧運期間，一名體操選手因傷幾乎無法參賽，但他憑藉堅定的意志與不懈的努力，最終在比賽中奪得獎牌，這不僅是身體的考驗，更是心理素養與意志的勝利。

結論：苦難是成功的催化劑

挫折是只有在前進中才會面對的困境，那些總是一帆風順的人，無法真正體會困難的艱辛，也無法從中學習與成長。許多成功人士都把自己的成就歸因於逆境，因為正是艱難的處境，最終使他們的聰明才智得以發揮。拿破崙．波拿巴（Napoleon Bonaparte）曾說：「最困難之時，也就是離成功不遠之日。」

當一個人陷入只能靠自己努力才能擺脫的困境時，往往會激發出難以想像的潛能。歷史上最偉大的政治家、思想家、企業家，無一不是在苦難的洗禮中成長的。成功的關鍵，不在於避開苦難，而在於如何在苦難中找到前進的方向。

正是因為有了人生的磨難帶來的傷痛與挑戰，我們才能真正地將身心與靈魂洗鍊得更加透徹。人生若無磨難，就永遠無法體會成就帶來的真正喜悅。

幸福：人生最珍貴的成就

幸福是人類追求的終極目標，而真正的幸福並非來自單純的物質滿足，而是來自內心的滿足與社會連結。心理學研究顯示，為他人付出往往比單純為自己獲得更能帶來長久的快樂。例如：2021 年加拿大的一項研究發現，當受試者被要求選擇如何花費 20 美元時，他們在為親友或陌生人花錢時，比單純為自己消費時更能感受到持續的幸福感。

財富與幸福：畫不上等號

許多人將幸福與財富畫上等號，然而事實並非如此。收入確實能在一定程度上提高幸福感，特別是當基本生活需求尚未滿足時。然而，當收入達到某個水準後，額外的財富對幸福感的影響便趨於遞減。例如：近年的經濟學研究指出，當個人年收入超過某個臨界點後，幸福感的增幅趨於平緩，甚至可能因財富帶來的壓力而下降。

此外，許多彩券得主在短期內確實感到極度快樂，但長期追蹤研究發現，他們的幸福感往往回到原本的水準，甚至有些人因突如其來的財富帶來的壓力與社交關係變化而感到不快樂。因此，財富並非決定幸福的唯一因素，真正的幸福來自穩定的人際關係、身心健康與個人成長。

幸福的核心：人生價值與意義

幸福是一種主觀體驗，但同時也受到客觀條件的影響。幸福不僅是個人快樂的感受，更是一種對人生目標的實現與社會責任的承擔。許多心理學家認為，真正的幸福來自於能夠找到人生的意義，並將個人的價值與社會貢獻相結合。

2022 年，一項針對全球數千名受訪者的研究顯示，參與志願服務、從事有意義的工作，甚至與親朋好友共度時光，對幸福感的影響遠遠超過物質財富的累積。這些研究結果顯示，幸福不僅僅是來自個人的滿足感，而是建立在與他人的連結與貢獻之上。

幸福與挑戰：並肩而行

在現實生活中，幸福與挑戰往往是並存的，甚至某些時刻，苦難正是成就幸福的重要養分。例如：2020 年疫情期間，許多人面臨生計挑戰與社交隔離，然而許多人透過建立新的生活習慣、發展遠距社交關係、甚至投入公益活動，發現即使在困境中仍能找到幸福。

正如心理學家維克多・弗蘭克（Viktor Frankl）在《活出意義來》中所說：「**人生的意義不是逃避痛苦，而是在痛苦中找到價值**。」真正的幸福並非來自完全沒有困難，而是來自於面對挑戰時找到解決方案，並從中獲得成長與滿足。

結論：幸福，是我們的選擇

幸福不僅僅是外在條件的累積，更是一種對生活的態度。真正的幸福來自於內心的滿足、對未來的希望、與他人的連結，以及對世界的貢獻。在追求幸福的路上，我們應該記住：幸福不是單純的擁有，而是內心的富足與分享。

理財——賺錢與用錢的智慧

金錢與幸福的關係

金錢雖然是現代社會中不可或缺的工具，但它並不能解決所有的問題。金錢能提供安全感與生活保障，甚至帶來一定程度的快樂，但並不代表擁有財富就能獲得幸福。金錢既可造福社會，也可能引發貪婪與紛爭，導致家庭破裂甚至個人毀滅。歷史上不乏因金錢而鋌而走險者，也有因財富而迷失自我的例子。因此，如何理性看待金錢，才是決定幸福與否的關鍵。

金錢的角色與影響

在商業社會中，每個人都與金錢息息相關。金錢可以促進人際交流，帶來更多機會，甚至提升生活品質。然而，金錢並非萬能，它無法取代情感、道德與個人的價值觀。許多富有的人未必幸福，而有些物質條件有限的人卻能在簡單生活中找到滿足與快樂。過度追求財富可能導致心理壓力，甚至犧牲個人原則與社會關係，反而讓生活變得更不快樂。

財富與人生價值

不少人將財富視為成功的標誌，甚至沉溺於無止境的累積財富過程中。然而，金錢的價值應在於提升生活品質，而非單純的數字遊戲。真正值得追求的是健康、知識、家庭與社會貢獻，而非無窮無盡的物質占有。哲學家維克多·雨果曾說：「當錢包是空的，心靈卻可以是充實的。」這意味著，財富並非衡量幸福的唯一標準，精神上的滿足往往比物質更重要。

幸福的真正來源

真正的幸福來自於內在滿足，而非財富多寡。歷史上許多偉大的思想家、科學家與藝術家，雖然物質生活簡樸，卻能因為追求理想而感到充實。瑪里·居禮、舒伯特、巴爾札克等人都曾歷經貧困，但他們的精神世界豐富，並且為人類文明做出卓越貢獻。反之，一些身處豪門的富裕人士，卻因為缺乏自由與人生目標，而陷入痛苦與迷失。

金錢的真正價值

金錢可以用來購買藥物，卻無法換取健康；可以購買豪宅，卻不一定帶來幸福的家庭氛圍。金錢的真正價值在於如何使用它。若能將財富用於提升自身素養，如閱讀、學習、公益與慈善，不僅能改善個人生活，也能為社會帶來正面影響。懂得運用金錢來增進個人價值與社會福祉，才是真正聰明的理財方式。

理性理財，追求真正的幸福

金錢是生活的工具，但不應成為人生的唯一目標。真正的幸福來自於愛、健康、家庭、事業與自我實現，而非財富的累積。唯有透過合理的財務規劃，讓金錢為生活服務，而非被金錢所奴役，才能找到平衡點，擁有真正美滿的人生。

賺錢要取之有道：正當致富之路

金錢的雙面性

金錢在人類社會中扮演著舉足輕重的角色，它既能帶來成就與尊榮，也可能成為家庭破裂與社會動盪的根源。國家的發展需要財富的創造，而個人的成長也離不開合理的財務管理。然而，致富的方法有千百種，關鍵在於是否合乎道義與法律。正如古語所云：「君子愛財，取之有道。」這句話不僅是道德規範的提醒，更是社會公平與長遠發展的基礎。

何謂「取之有道」？

在不同的時代，「取之有道」的標準有所變化。在過去，道德與良心是判斷財富來源是否正當的重要準則；而在現代社會，法治逐步健全，法律成為衡量財富取得方式是否正當的關鍵標準。凡是合法合規的經濟行為，都可視為「取之有道」。然而，仍有人利用制度漏洞謀取暴利，甚至不惜採取非法手段，如詐騙、走私、貪汙等，最終落得身敗名裂、家破人亡的下場。

違法致富的代價

社會中不乏投機取巧、以身試法者，這些人為了一時的財富，鋌而走險，最終付出的代價往往極為慘痛。例如：曾有非法販毒者試圖快速致富，結果卻換來牢獄之災，甚至失去生命。金錢若來源不正，縱使一時得利，終究難逃法律的制裁與內心的譴責。

合法致富：長遠之道

真正可長久維持的財富，來自正當、合法且有社會責任感的經濟活動。市場經濟提供了多種致富機會，每個行業都有其發展潛力與競爭優勢，只要願意努力，便能在各自的領域獲得應有的回報。正當的財富不僅使人心安理得，也能為社會帶來正向影響。反之，若是透過非法或不道德手段獲利，不僅影響社會公平，也將陷入無止境的風險與不安。

財富的真正價值

金錢的價值不在於數量，而在於如何運用。真正聰明的理財者，不會單純地追逐財富，而是懂得如何透過努力與智慧，合法地創造價值，並將財富轉化為有意義的資源，例如投資教育、促進產業創新、推動公益事業等。唯有如此，才能讓財富發揮最大的社會價值，個人也能在物質與精神上獲得真正的滿足。

選擇正道，財富長存

金錢是生活的必要工具，但不應成為唯一的追求目標。致富之路有正道與邪道之分，選擇正道者，透過合法手段辛勤努力，終將獲得穩健且長遠的財富；選擇邪道者，則可能落入違法陷阱，甚至自毀前程。「君子愛財，取之有道」不僅是一句古訓，更是現代社會中每個人都應謹記的生活準則。唯有透過正當途徑創造財富，才能真正安身立命，享受人生的真正富足與安定。

花錢要懂得節制：智慧理財之道

節制消費的重要性

在經濟條件良好的時候，許多人往往忽略了省錢的重要性。然而，隨著通貨膨脹與物價上漲，合理消費與適度儲蓄成為現代生活中不可忽視的課題。節制花費不僅是一種理財方式，更是一種生活態度，關係到個人與家庭的長遠發展。如果能夠善用金錢並加以規劃，生活將變得更加輕鬆，財務壓力也會減少。

理性消費的原則

金錢的價值在於合理運用，而非無節制的消費。要做到有效省錢，首要之務是學會計畫性地花錢。無論是國家、企業或個人，都需要財務規劃，以確保資源的合理配置。例如：每月固定的家庭開銷如房貸、水電費等，屬於必要支出，而過度的娛樂消費則可能成為財務負擔。消費時應考量支出的必要性，避免因一時衝動而購買非必要商品，甚至陷入負債危機。

理財與節約的智慧

真正的理財並不僅僅是節儉，而是有效地管理收入與支出，並確保財務結構的健康。存錢固然重要，但更關鍵的是如何讓錢發揮最大的價值。例如：將部分收入投入具增值潛力的投資，或是購買提升自我價值的書籍與課程，這些支出比單純存錢更有助於未來的財務穩定。此外，妥善規劃資產與負債，確保資金的流動性，能幫助個人在面臨突發狀況時不至於陷入財務困境。

消費觀念的建立

許多人誤以為富裕者花錢毫無節制，然而，許多成功人士如企業家李嘉誠等，皆以節儉著稱。真正的富裕來自於對財富的尊重與合理運用，而非揮霍無度。與此同時，財務觀念的建立也應與個人目標相結合，例如：是否存錢為未來的事業發展做準備？是否需要提前儲蓄為退休生活規劃？這些問題都應納入財務管理的考量之中。

避免財務陷阱

許多人因為不當的消費習慣而陷入財務困境，例如過度使用信用卡、無節制貸款，最終導致債務纏身。正確的理財應該是控制開銷，並確保收入與支出的平衡，避免因短期享樂而犧牲長遠的財務安全。

財務管理的長遠規劃

財富的累積並非來自短期的節約，而是來自於良好的財務規劃與消費習慣。賺錢固然重要，但更重要的是如何花錢，讓金錢發揮最大的效益。唯有掌握理財的智慧，才能在確保生活品質的同時，也為未來的穩定打下基礎。因此，花錢要懂得節制，才能真正達到財務自由，享受更安心與穩健的生活。

誠信 —— 立身之本，受用終生

誠信：成功的基石

「人難做，難做人。」這句話不僅強調了人際關係的複雜性，也說明了為人處世的挑戰。在社會中立足並成就事業，必須遵循一定的原則，其中誠信無疑是最重要的一環。誠信代表著誠實與守信，要求我們待人真誠、講求信用，言出必行。古語云：「反身而誠，樂莫大焉。」只有做到內心坦蕩、言行一致，才能獲得他人的信賴，並在社會上立足。

誠信的價值與影響

誠信不僅是一種美德，更是維繫社會穩定與人際關係和諧的重要基礎。誠信的人能夠忠於事實，不扭曲或隱瞞真相，並且言語真切，處事實在。相反，投機取巧、弄虛作假、言而無信的人，最終必將失去信任，難以在社會中立足。

誠信的重要性

北宋詞人晏殊便以誠實著稱。他年少時因聰穎被舉薦入宮，參與考試時發現考題與自己曾練習過的內容相同，便主動向皇帝請求更換題目。宋真宗對此大加讚賞，認為晏殊品行端正，值得重用。此後，晏殊在仕途上屢獲升遷，誠信成為他的立身之本，也為他贏得了皇帝與朝臣的信賴。這個故事說明，誠信不僅影響個人的聲譽，也關乎長遠發展。

誠信與職場道德

誠信不僅是做人之道，也是職場上的基本準則。在職場上，員工不僅代表個人，也代表公司或機構，若經常言而無信、欺瞞上級或同事，將影響企業的信譽與發展。此外，企業若對顧客不誠信，如虛假宣傳、偷工減料，最終將失去市場競爭力。因此，誠信不僅是一種道德要求，更是企業與個人持續發展的關鍵。

誠信的力量：改變世界的影響

誠信的價值在世界各地皆有展現。例如：在尼泊爾的一個小村莊，當地一位少年因為誠信待客，感動了一群德國攝影師，最終促成了該地區成為國際知名的觀光勝地。這個故事顯示，誠信的力量遠超我們的想像，它不僅能贏得個人的信譽，甚至能帶動一個社區的繁榮發展。

誠信的代價：失信者難立足

「一失足成千古恨」，一旦失去誠信，將很難重建信譽。現實生活中，許多企業因造假或欺詐行為而倒閉，許多個人因言而無信而失去人際關係與發展機會。正如俗話所說：「上當只一回」，當一個人或企業失去誠信，就很難再獲得信任與合作機會。

誠信為本，行遠自邇

誠信是做人與做事的基本原則，無論是個人、企業還是國家，都應當將誠信視為最重要的資產。誠信不僅帶來信譽，也決定了長遠的發展與成功。擁有誠信的人，無論在事業或生活上，都能獲得尊重與支持，反之，失信者則終將付出慘痛的代價。因此，堅持誠信，不僅是對自己的承諾，也是對社會的責任，唯有誠信為本，方能受用終生。

誠信待人，幸福自己：人生最重要的財富

真誠與信譽的價值

在歷史上，有許多關於誠信的典範故事，其中最具代表性的之一來自英國企業家約翰·卡德威爾（John Caudwell）。他是英國知名的電信企業家，在創辦 Phones 4u 時，始終秉持誠信經營的原則。

在創業初期，卡德威爾曾經發現一批手機的訂單金額被多收了部分款項，儘管當時公司財務並不寬裕，他仍主動聯絡客戶，將多收的款項全數退還。他的這種做法贏得了業界的高度信任，使 Phones 4u 在短短幾年間迅速成長為英國最具影響力的電信零售商之一。

卡德威爾曾說：「信譽是企業最重要的資產，短期的利益可能讓你獲得成功，但長久的信譽才能讓你立於不敗之地。」這句話充分說明誠信不只是短暫的選擇，而是決定個人或企業能否長遠發展的關鍵。

誠信的影響力

誠信不僅是個人的品德體現，也是企業與社會發展的重要基石。誠信能夠累積信譽，建立人際與商業關係的長期信任，

也能讓社會運作更加順暢。無論是個人還是企業，只有堅持誠信原則，才能真正贏得他人的尊敬與信賴，並在競爭激烈的世界中穩健前行。

誠信與成功的關係

誠信不僅對個人有益，對於國家治理同樣至關重要。唐太宗以誠信治國，堅持以真誠態度對待臣民，最終成就「貞觀之治」。他曾拒絕群臣建議的「假裝生氣試探臣子忠誠度」的做法，認為:「國君若作假，臣子也會虛偽，如何能治理好天下？」這正是誠信帶來長治久安的典範。

誠信在人際與社會中的影響

誠信是人際交往的「通行證」，誠信者朋友如織，無信者則難以立足。誠信能夠消弭隔閡，建立穩固的人際關係。以美國的教育為例，從幼稚園開始，學校便強調誠信教育，透過標語、課堂討論等方式讓學生深刻理解「最大程度的誠實是最好的處世之道」。這種教育模式確保了誠信在社會中的核心地位，使其成為公認的重要價值。

誠信帶來真正的幸福

誠信不僅是對他人的尊重，更是對自己人生的承諾。擁有誠信，內心便能安然自在，不必承受欺瞞帶來的負擔與不安。誠信的人雖然可能一時遭遇挑戰，但長遠來看，他們會贏得更多的機會與信任，人生也會因此更加順遂。

以誠立身，幸福相隨

誠信是人生最寶貴的財富，它比金錢更有價值，比才智更受敬重。唯有誠信待人，才能真正幸福自己。從今天開始，讓我們以誠信為本，讓這顆美德的種子在生活中生根發芽，讓我們的未來更加光明、美好。

丟掉誠信是最虧本的買賣

信譽是人生最寶貴的資產

人生旅途如同渡河，每個人都承載著不同的資源與價值觀，但若丟棄誠信，將會付出無法挽回的代價。誠信是社會運行的基石，是個人立足的根本。沒有誠信的人，即使一時擁有財富、才華與榮譽，最終仍可能因缺乏信譽而走向衰敗。

失去誠信的後果

丟棄誠信或許能換來短暫的成功，但終將導致信譽破產，甚至引發無可挽回的後果。正如故事中的年輕人，他最初依賴機敏與才學發展事業，憑藉榮譽與金錢稱霸商界，然而，因失去誠信，他逐漸走向欺詐、背信棄義，最終身敗名裂，鋃鐺入獄。等到他想要回頭時，一切已無可挽回。這正印證了那句古語：「人而無信，不知其可也。」

歷史中的誠信典範

誠信是中華文化與世界文明共同推崇的價值觀。孔子的學生曾子便以「言必信，行必果」著稱。他的妻子曾經戲言要殺豬給孩子吃，曾子堅持信守承諾，最終真的殺了豬，以此教導孩子誠信的重要性。這則故事流傳千年，提醒我們：誠信是社會信任的基礎，若連父母都失信於子女，將如何教導他們做人？

誠信的影響：從個人到社會

誠信不僅影響個人，也關乎社會發展。日本餐飲業的一條行規要求洗碗七遍，有位打工學生為了效率只洗五遍，被發現後遭到解僱，甚至因此失去其他工作的機會。這則故事告訴我們，誠信是長遠發展的關鍵，任何短視近利的欺瞞行為，最終都將付出代價。

誠信是成功的通行證

誠信不僅是品德，更是成功的關鍵因素。美國政治家班傑明·富蘭克林曾說：「人生最重要的莫過於真實、誠意與廉潔。」在商業領域，誠信更是企業立足之本。許多企業因虛假廣告、造假行為而失去消費者信任，最終倒閉。因此，無論是個人還是企業，都應將誠信視為最重要的資產。

誠信是人生最值得守護的財富

誠信是一個人、一個企業乃至一個國家的無形資產，它比金錢更寶貴，比才智更具價值。沒有誠信，即使一時獲得成功，也終將失去一切。唯有信守承諾、堅守道德底線，才能獲得真正的尊重與長久的幸福。丟掉誠信是最虧本的買賣，而堅持誠信，則將帶來無盡的回報。

博愛——
以愛待人，讓世界更美好

愛心的力量

愛是一種無形的力量，它能夠改變世界，也能讓我們的內心得到真正的富足。研究顯示，關懷與愛的陪伴對生命的成長至關重要。在一項醫學研究中，嬰兒若每天被撫摸三次，他們的體重增長速度會比未被撫摸的嬰兒快上兩倍。這個實驗證明了愛的力量，愛能促進生命的健康發展，也能帶來無法估量的影響。

相似的道理也展現在人生的最後時刻。當人們走向生命終點時，最關心的不是財富或成就，而是親情與愛。他們最終明白，人生最珍貴的並不是名利，而是彼此間的關懷與愛的傳遞。然而，許多人只有到了最後一刻，才意識到愛的重要性。

愛創造奇蹟：珍．艾略特的「藍眼睛與棕眼睛實驗」

愛的力量不僅影響個人，也能改變整個社會。美國教育家珍．艾略特（Jane Elliott）的故事便是一個最佳例證。她的教育方式改變了無數孩子的人生，也讓人們重新思考愛與包容的真正意義。

1968 年，美國民權領袖馬丁．路德．金恩 (Martin Luther King Jr.) 遇刺後，珍．艾略特決定用行動教育她三年級的學生關於歧視與愛的力量。她將班上的孩子分為藍眼睛組與棕眼睛組，並告訴他們：「藍眼睛的人比棕眼睛的人聰明、更優秀，應該得到更多的尊重與機會。」她對藍眼睛的孩子表現出更多關懷，而對棕眼睛的孩子則加以限制。短短一天內，藍眼睛的孩子變得更自信、學習表現提升，而棕眼睛的孩子則開始變得自卑、沉默。

隔天，她反轉了實驗，讓棕眼睛的孩子變成「優越組」，藍眼睛的孩子則處於劣勢。結果完全相同，原本自信的藍眼睛孩子變得畏縮，棕眼睛的孩子則變得積極。透過這個實驗，珍．艾略特讓孩子們深刻體會到歧視的傷害，也讓他們明白愛與公平對一個人的發展有多重要。

多年後，這些孩子長大成人，他們紛紛表示，這堂課改變了他們的人生，讓他們學會如何尊重他人，如何用愛與包容對待世界。珍．艾略特的教學方式不僅影響了她的學生，也啟發了無數的教育工作者，成為全球教育界研究愛與歧視課題的經典案例。

這個故事告訴我們，愛的力量不僅能改變個人，也能改變整個社會。當每個人都學會用愛對待彼此，世界將會更加溫暖與美好。

孔子的博愛精神

春秋時期的教育家孔子，兩千多年前就提出了「仁者愛人」的理念。他不僅倡導關懷他人，更在生活中身體力行。例如：他在與盲人樂師師冕相處時，細心提醒對方臺階與座位的位置，確保他的安全與尊嚴。在現代社會，關心弱勢族群已是基本共識，但在當時的封建社會，孔子的行為展現出真正的大仁大愛。

這則故事提醒我們，愛的表現不在於驚天動地的壯舉，而是在於日常生活中的細微關懷。無論是與身障人士相處，還是對身邊人展現關心，尊重每個人的需求才是愛的真正展現。

讓愛成為改變世界的動力

愛是一種積極的力量，它能讓人變得更強大，也能促進社會的和諧發展。我們可以從身邊的小事做起，給予親人溫暖的擁抱，向朋友送上鼓勵的話語，對陌生人展現微笑，甚至只是耐心地聆聽他人的需求。當我們學會分享愛，世界將會因我們的行動而變得更加溫暖。

用愛心塑造更美好的世界

愛是世界上最珍貴的財富，它不僅讓我們變得更堅強，也讓生命更加充滿意義。孔子提出的「仁者愛人」，提醒我們愛應該無所不在，涵蓋所有人。讓我們從自身做起，散播愛的種子，讓世界因愛而更加美好，讓人生因愛而更加圓滿。

大愛無疆，大德無言：用愛溫暖世界

大愛的力量，無國界的關懷

擁有大愛的人，能夠包容世界萬物，無私地奉獻自己，讓愛超越國界、民族與種族。他們的幸福來自於施與愛的過程，從關懷他人中獲得內心的滿足與安寧。這樣的愛，不僅改變了個人的生命，也點燃了整個世界的希望。

西班牙「廚師的慈善行動」—— 何塞．安德烈斯 (José Andrés)

當災難來襲，許多人第一時間想到的是逃離，而有些人卻選擇留下，伸出援手，提供幫助。西班牙籍廚師何塞．安德烈斯 (José Andrés) 便是這樣一位以大愛行動改變世界的人。

何塞．安德烈斯曾是世界知名的米其林星級主廚，在美國開設多家高級餐廳，享有極高聲譽。然而，他的愛心不僅止於美食，而是透過「世界中央廚房」（World Central Kitchen, WCK）這個慈善組織，為全球遭遇災難的人們提供熱食，讓愛心化作最基本的溫暖力量。

2010 年，海地大地震發生，當地民眾流離失所，食物短缺，他帶領團隊抵達災區，為災民提供熱食，並幫助當地社區建立可持續的餐飲供應鏈。自此之後，「世界中央廚房」成為全球災難救援的第一線團隊之一，無論是颶風、地震、戰爭還是疫情，每當災難發生，他們都會第一時間趕赴現場，確保受災者能獲得最基本的溫飽。

「愛心廚房」的全球影響

在烏克蘭戰爭爆發後，何塞・安德烈斯帶著他的團隊，立即前往戰區，提供免費餐點給難民，並在當地開設數十個食物站，確保流離失所的人們能夠獲得基本的生存需求。疫情期間，他的組織也在美國及世界各地設立「應急廚房」，免費提供餐點給醫護人員與無家可歸者。

這些行動證明了大愛的力量，不論身處何地，當人們選擇無私奉獻，愛的影響力將遠超想像。何塞・安德烈斯曾說：「食物不只是生存的基本條件，更是一種希望。當我們給予食物，也是在給予愛與尊嚴。」他的慈善行動已改變數百萬人的生命，也讓世界見證了大愛的價值。

大愛的啟示：愛是世界上最偉大的財富

大愛無疆，大德無言，真正的愛並不需要華麗的語言，而是用行動去傳遞溫暖。無論是德蕾莎修女一生奉獻給貧困者，還是何塞·安德烈斯用食物救助災區人民，這些人都展現了愛的偉大力量。當我們願意用心去關懷他人，世界將會變得更美好。

以愛為橋，讓世界更溫暖

大愛並不只是偉人才能實踐的事業，而是我們每個人都可以做到的小事。給予一個微笑、幫助有需要的人、關心身邊的弱勢群體，這些看似微小的舉動，都能讓社會更加和諧、美好。當我們用愛待人，不僅能讓世界充滿溫暖，也會在關懷他人的過程中，體會到真正的幸福。讓我們從自身做起，將愛的力量傳遞出去，讓世界因我們的善意而變得更加美麗！

心懷天下，博愛眾生：
以愛與責任開創偉大人生

超越個人，心懷眾生

每個人的人生追求不同，有人渴望美滿的婚姻，有人夢想擁有車子與房子，而也有人將目光放在更廣闊的世界，希望為

社會帶來改變，幫助需要幫助的人，並認為這才是真正的幸福。這些人不僅僅關心自身的成就，更願意為天下蒼生奉獻，讓世界變得更美好。

心懷天下是一種超越個人利益的愛，一種對世界和社會的責任感。無論一個人的出身、職業、社會地位如何，只要內心裝著大眾福祉，他的視野與人生境界都將不同。他不僅關心個人的得失，更在意社會的公平與正義，並努力縮短與「天下」的距離，尋找改變世界的可能。

瑪拉拉・尤沙夫賽 —— 以教育改變世界

在世界的某些角落，女孩的受教育權仍然受到嚴重剝奪。然而，一位來自巴基斯坦的少女瑪拉拉・尤沙夫賽（Malala Yousafzai）憑藉勇氣與信念，成為全球教育權利的象徵。

瑪拉拉出生於巴基斯坦斯瓦特山谷，這個地區曾受到極端組織塔利班的控制，女孩上學被視為違法行為。她從小便堅信「教育是每個孩子的基本權利」，因此，她在 11 歲時開始為 BBC 撰寫匿名日記，描述當地女孩因塔利班統治而無法上學的困境。她的故事引起了國際關注，但也因此成為極端勢力的目標。

2012 年，15 歲的瑪拉拉在上學途中遭到塔利班槍擊，子彈穿過她的頭部與頸部，情況危急。奇蹟般地，她在國際醫療救助下康復，並更加堅定地為女童教育發聲。她不僅沒有被恐懼擊倒，反而將這次經歷化為力量，在全球巡迴演講，倡導女孩受教育的權利。

2014 年，年僅 17 歲的瑪拉拉獲頒諾貝爾和平獎，成為該獎項最年輕的得主。她在獲獎演說中說道：「我站在這裡，不是為了自己，而是為了那些無法發聲的孩子們，為了那些爭取權利卻仍然被忽視的人們。」

如今，她成立了「瑪拉拉基金會」(Malala Fund)，致力於全球女童教育，影響力遍及多個國家，幫助無數女孩獲得學習的機會。她的事蹟證明，即使出身貧困，即使年紀輕輕，只要心懷天下，仍然能夠改變世界。

心懷天下，從自身做起

並非每個人都能像瑪拉拉那樣影響全球，但心懷天下的人，並不局限於拯救世界的偉大行動，而是從日常生活中的小事做起。

- **關心社會議題**：關注環境、教育、人權等社會議題，支持能夠帶來正向改變的行動。
- **參與公益行動**：從捐款、志工服務到幫助身邊有需要的人，每一份努力都能改變世界的一部分。
- **傳遞愛與關懷**：用行動影響周圍的人，鼓勵他們一起為更好的世界努力。

真正的幸福來自於為世界付出

擁有房子與財富能帶來物質上的滿足，而真正的幸福來自於奉獻與影響他人。心懷天下的人，無論身處何地、從事何種工作，皆能透過自己的力量讓世界變得更好。只要內心裝著大愛，人生的價值與意義將遠超個人得失，而是與整個世界緊密相連。

無論你是誰，都可以選擇成為一個心懷天下、博愛眾生的人，因為愛與責任，才是改變世界最強大的力量。

熱忱——以心暖心，助人樂己

熱忱的力量

「熱忱」不僅是一種對事物的熱愛與投入，更是一種影響他人、點燃希望的力量。它能讓人勇敢面對挑戰，克服困難，也能在人際交往中傳遞溫暖與支持。擁有熱忱的人，往往能夠做出許多原本可能做不到的事情，因為熱忱本身就是最強大的動力來源。

熱忱與鼓勵，成就偉大夢想

在生活中，許多人因為他人的冷漠或嘲笑而逐漸熄滅內心的熱情。然而，真正成功的人，往往是那些堅持熱忱、擁有勇氣的人。

一位母親在廚房忙碌時，聽見孩子在院子裡喊道：「我要跳到月球上！」一般人可能會笑他天真，甚至潑冷水，但這位母親卻溫柔地回應：「好，不要忘記回來喔！」這位孩子，後來成為人類史上第一位踏上月球的人 —— 尼爾 · 阿姆斯壯（Neil Armstrong）。母親的一句鼓勵，讓孩子勇於追逐夢想，並最終改變了人類歷史。

這個故事提醒我們，不論是自己，還是面對他人，都應該珍惜並鼓勵熱忱，而不是輕易澆熄它。

如何培養熱忱？

熱忱並非天生具備，而是可以透過後天的努力培養與強化。以下是兩個有效的方法：

採取行動，持之以恆：即使一開始沒有熱情，也可以透過主動投入來激發興趣。例如：有人起初對某個領域不感興趣，但當他深入學習、積極參與後，便會發現自己對這件事的熱忱逐漸增強。美國成功學大師戴爾 · 卡內基（Dale Carnegie）原本對亞伯拉罕 · 林肯並不熱衷，但當他開始研究並撰寫關於林肯的書籍後，他對這位偉人產生了極大的崇敬與熱忱。

深入研究、學習與實踐：當你越了解一件事，便越可能對它產生興趣。例如：許多人在接觸一門新學問時，起初可能覺得枯燥無味，但隨著對這個領域的深入探索，他們開始對其中的奧妙著迷，甚至樂在其中。

熱忱不只是激情，而是一種溫暖的影響力

真正的熱忱不只是短暫的激情，而是一種能夠影響他人、帶來改變的力量。如果我們能夠在生活中保持對他人的熱忱，那麼這股溫暖將會在無形中影響整個社會。

傳遞熱忱，影響身邊的人：當你對某件事充滿熱情時，你的言行舉止都會散發出強大的感染力，讓周圍的人也感受到這股能量。例如：當你充滿信心地向朋友推薦一本書、一場音樂會、一項運動，他們可能會因為你的熱忱而願意嘗試，甚至因此發現新的興趣。

以熱忱助人，成就更大的幸福：當你用真誠的熱忱去幫助他人，不僅能帶來對方的溫暖與感激，也能讓自己感受到深層次的快樂。例如：許多志工在公益活動中發現，幫助別人帶來的滿足感，遠比物質上的獲得更有價值。

熱忱讓世界更溫暖

熱忱是一種內在的光芒，它不僅能幫助我們實現夢想，也能夠照亮他人，讓世界變得更加美好。當我們對生活保持熱忱，並願意將這份熱忱傳遞給他人，便能真正做到「以心暖心，助人

樂己」。讓我們從今天開始，以熱忱對待人生，讓這份溫暖成為推動世界前進的力量！

讚美——照亮人心的陽光

多誇誇別人的長處：讚美的力量，讓世界更溫暖

莎士比亞曾說：「讚美是照在人心靈上的陽光，沒有陽光，我們就不能生長。」的確，真誠的讚美能夠像陽光一樣，滋養人心，讓人感受到自身的價值與力量。心理學研究表明，人性最深層的需求之一，就是渴望被肯定與欣賞。當一個人獲得正向的回饋時，不僅能增強自信，也更有動力去發揮潛能，追求更大的成就。

邱吉爾也曾說：「你希望別人擁有什麼優點，就要先讚美他。」適時的讚美，不僅能夠讓對方產生積極的心理暗示，還能促使他更加努力去實現這些優點。讚美並不是單純的禮貌用語，而是一種潛移默化的鼓勵，它能影響一個人的心態，甚至改變他的一生。

讚美能激勵人心，創造奇蹟

歷史上有許多名人的成功，與他們早年的鼓勵與讚美密不可分。

托爾斯泰的成名之路

19 世紀俄國文學巨匠列夫．托爾斯泰 (Leo Tolstoy)，在年輕時並沒有成為作家的打算。西元 1852 年，他的小說《童年》在雜誌上發表，當時仍是文壇新人的他，並未抱太大期望。然而，俄國著名作家伊凡．屠格涅夫 (Ivan Turgenev) 在無意間讀到這部作品後，深受感動，並大加讚賞。他不僅在公開場合多次提及托爾斯泰的才華，還透過各種方式向文壇推廣這位年輕作家。

當托爾斯泰得知自己的作品受到文學巨匠的肯定時，深受鼓舞，開始真正以寫作為志業。他因此全心投入文學創作，最終成為世界級的偉大作家，留下了《戰爭與和平》、《安娜．卡列尼娜》等經典著作。如果沒有當年的讚美與鼓勵，也許托爾斯泰的一生將會是另一種截然不同的模樣。

這個故事告訴我們，一句真誠的讚美，可能會點燃一個人內心的希望，甚至改變他的人生。

讚美的藝術：如何真誠地稱讚他人？

讚美是一門藝術，並非隨意的奉承，而是發自內心的欣賞。以下是幾個有效的讚美方式：

具體而真誠：與其說「你很棒」，不如具體指出對方哪方面表現優異，例如：「你剛才的演講條理清晰，內容引人入勝，真的很令人佩服！」這樣的讚美更具說服力，也能讓對方感受到你的誠意。

發現小細節：讚美不一定要等到對方取得巨大成就，即便是日常生活中的小細節，也值得肯定。例如：「你這次的報告準備得很充分，讓大家都更容易理解！」這樣的鼓勵，能夠讓對方更有信心面對未來的挑戰。

避免過度誇大：過度的讚美可能會讓人覺得虛偽，甚至產生反效果。因此，讚美時要掌握適當的分寸，確保內容與事實相符。

鼓勵進步：讚美除了肯定對方的優點，也可以鼓勵他們繼續努力。例如：「你的攝影技巧越來越好了，期待你下一次的作品！」這種讚美不僅讓人開心，也能激勵對方持續進步。

讚美創造更美好的社會

在現代社會，許多人過於專注自我成就，往往忽略了對他人的肯定與讚賞。甚至有些人害怕讚美別人，認為這樣會降低自己的價值。然而，事實恰恰相反，**一個懂得欣賞他人優點、願意真誠讚美別人的人，通常更容易獲得人際上的成功，也能贏得更多的尊重與信任。**

讚美能促進人際關係：在職場上，適當的讚美能增進同事間的合作與信任；在家庭中，父母的讚美能讓孩子更有自信；在朋友之間，讚美能夠拉近距離，讓關係更加融洽。

讚美能創造積極的環境：當一個社會充滿正向回饋，人們更容易發揮潛能，也更願意付出努力。如果我們學會欣賞別人的優點，並適時給予肯定，整個社會都將變得更和諧、更美好。

讚美帶來內心的豐盈：一個懂得欣賞他人、願意讚美別人的人，內心往往更加寬廣與快樂。法國作家雨果曾說：「世界上最寬闊的東西是海洋，比海洋更寬闊的是天空，比天空更寬闊的是人的心靈。」當我們願意發自內心去欣賞別人，我們的內心也會變得更加寬廣與美好。

讓讚美成為日常習慣

讚美是一種無形的力量，它能夠讓人產生自信、激發潛能，甚至改變人生。我們不需要等到對方成就斐然才給予肯定，日常生活中，小小的讚美就能帶來巨大的影響。讓我們從今天開始，學會發現別人的長處，並真誠地表達讚美，讓這份溫暖與欣賞成為我們日常生活的一部分，共同創造一個更加美好的人際關係與社會氛圍。

讓冷漠遠離自己，擁抱熱情與連結

冷漠的危害：讓人生失去色彩

當一個人初入社會，才真正開始體會人情的冷暖。平時或許不覺得，但當遇到困難時，周遭的冷漠可能會讓人感到孤立無援。有人形容：「冷漠像沙漠，讓沐浴在愛中的人驟然間手足無措。」

冷漠並不只是對外界漠不關心，它更深層次的影響，是讓一個人逐漸喪失對生活的熱情與希望。當一個人對人事物不再關心，世界在他的眼中將變得單調而空洞，甚至會陷入孤立與自我封閉的狀態。

以下是冷漠帶來的三大影響：

- **心理不健全**：當一個人長期以冷漠的態度面對人事物，這種心態可能會發展成他的性格，導致他無法與他人建立健康的關係，內心也會變得孤寂與空虛。
- **情感麻木**：冷漠的長期積累，會讓一個人的內心變得麻木，不再對世界抱有熱情與期待。他對任何事情都興致缺缺，甚至失去了感受幸福的能力。
- **責任感缺失**：當一個人對周遭的一切表現出漠不關心，他可能會認為自己與這個世界沒有連繫，甚至覺得自己無須承擔任何責任，這樣的心態容易讓他與社會脫節，成為一個封閉而孤獨的人。

冷漠的心理成因：失落與過高期待

心理學研究發現，冷漠的根源通常來自於個人的心理挫折與失落。例如：當一個人經歷失敗、失去重要的親友，或遭遇重大打擊時，他可能會對世界產生消極的態度，進而選擇冷漠來保護自己，不再投入感情，以避免再次受傷。

特別是年輕人，對愛情、事業和人生常抱持著高度期待，然而當現實與理想落差過大時，容易產生強烈的挫敗感。如果不能適時調整心態，就可能演變成對生活的冷漠與逃避。

如何克服冷漠，找回熱情？

冷漠是一種習慣，而習慣是可以被改變的。以下是幾個方法，幫助自己從冷漠的狀態中走出來，重新擁抱生活的熱情與溫暖。

重新定位自己，確立目標

確定自己在職場或生活中的目標，會讓人更有方向感，也能降低挫折感。例如：設定「五年內成為主管」的目標，並且逐步完成相關的學習與挑戰，讓自己在行動中感受到成就與意義。

勇敢表達自己的需求

不要期望別人會主動關心你，應該學會主動向主管或身邊的人表達自己的需求。例如：如果你有升遷的計畫，不要害怕讓主管知道你的志向與努力，這樣才不會因為長期得不到關注而感到被冷落。

積極參與人際互動

冷漠的習慣來自於疏離，打破這種狀態的最好方法就是**主動融入**。例如：在職場上勇於發言，讓同事了解你的想法；在社交場合，試著主動與人交流，而不是靜靜地坐在角落。

推銷自己，建立影響力

職場上不僅要努力工作，還要懂得讓別人看見自己的價值。適當地展現自己的專業能力，讓同事與主管知道你的貢獻，這樣不僅能提升個人影響力，也能讓自己更有歸屬感，避免陷入冷漠與疏離。

學會邊做邊學，勇於挑戰

有些人因為害怕失敗，選擇退縮，結果錯失了許多成長的機會。與其因為不熟悉而裹足不前，不如抱持「邊做邊學」的心態，即使過程中犯錯，也能累積寶貴的經驗，讓自己更快適應環境。

培養同理心，主動關心他人

冷漠不僅影響自己，也可能影響身邊的人。試著每天向一個人表達關心，無論是同事、朋友還是家人，這種微小的舉動能夠建立更溫暖的人際關係，讓自己與他人都能感受到愛與支持。

熱情讓世界更美好

熱情是一種正向的能量，它能夠讓人感受到活力與希望，並激勵自己與他人一同前進。一個充滿熱情的人，無論遇到多少挑戰，都能夠用積極的態度去面對，並找到前進的動力。

熱情能帶來的影響：

提升幸福感：當一個人對生活充滿熱情時，他的內心會更容易感到滿足，對於世界也會有更正面的看法。

吸引人際關係：熱情是一種有感染力的特質，當你展現熱情時，身邊的人也會被你的能量影響，進而與你建立更深厚的連繫。

創造更多機會：一個有熱情的人，通常更願意接受挑戰，並勇敢追求機會，這樣的心態讓他在職場與生活中更容易獲得成功。

讓冷漠遠離，擁抱熱情與溫暖

冷漠並非天生的，而是一種可以被改變的習慣。當你選擇用熱情去迎接生活，你會發現世界變得更美好，人際關係更加緊密，自己的內心也更加充實。

讓我們從今天開始，學會打破冷漠，以積極的態度面對挑戰，主動關心他人，勇敢追求夢想，讓生活充滿熱情與希望！

相信自己，開創人生的無限可能

自信是成功的基石

俄國作家馬克西姆·高爾基曾說：「所謂才能，是相信自己，相信自己的力量。」人生旅途上，擁有自信是邁向成功的關鍵之一。無論是在學業、職場，還是日常生活中，自信都是一種推動力，使我們勇於面對挑戰，並相信自己有能力克服困難，實現目標。

成功的道路上，方法與努力固然重要，但最關鍵的因素其實是「相信自己能成功」。心理學研究顯示，一個人如果具備強烈的自信心，他更有可能投入行動，並從失敗中汲取經驗，最終達成目標。

歷史上的自信典範

拿破崙：我成功，因為我志在成功

法國軍事家拿破崙曾說：「我成功，是因為我志在成功。」他從不認為自己會失敗，這種堅定的自信使他能夠在戰場上縱橫無敵，即使面對強敵，也能以少勝多，創造歷史。這充分說明了自信能夠激發人的潛力，使人更有勇氣迎接挑戰。

小澤征爾：堅持真理，成就非凡

世界知名指揮家小澤征爾在一次比賽中，敏銳地發現評委提供的樂譜有誤。當時，在場的評審都是音樂界的權威人士，其他選手選擇隨聲附和，但小澤征爾卻勇敢地堅持己見，堅信樂譜確實有錯。結果，評審告訴他，這是設計好的「考驗」，小澤征爾憑藉自信與專業脫穎而出，奪得冠軍。這個故事告訴我們：相信自己，即使面對權威，也要堅持真理，這樣才能成就卓越。

雕塑家：「相由心生」的啟示

一位雕塑家因為長期心情憂鬱，發現自己的面貌變得越來越陰沉。後來，他接受一位長者的建議，花了半年時間雕塑觀音像。在過程中，他不斷模仿觀音的神態，學習慈悲與寬容。最終，他發現自己的面容變得柔和祥和，心境也煥然一新。這證明了「相由心生」，一個人的自信與內在能量，會直接反映在外在表現上。

心理學視角：羅森塔爾效應（期待效應）

心理學家羅森塔爾（Robert Rosenthal）曾做過一項著名的實驗。他在隨機選出的學生名單上，告訴老師這些學生特別聰明，結果老師對這些學生更加關注、讚美與鼓勵。幾個月後，這些學生的學習表現明顯優於其他學生。事實上，這些學生並沒有特別的天賦，只是因為老師對他們的高度期待，讓他們變得更有自信，最終真正變得更優秀。這就是「羅森塔爾效應」，它告訴我們：如果你相信自己是優秀的，你就更有可能變得優秀。

如何培養自信？六種方法助你走向成功

1. 默念「我行」、「我可以」

每天早晨與晚上，對自己重複肯定語句，如：「我一定可以做到！」這樣的自我暗示，能夠幫助大腦建立自信心，減少對失敗的恐懼。

2. 回憶成功經驗，增強自信

每個人都曾經在某些時刻成功過。回憶那些讓自己感到驕傲的時刻，例如考試取得好成績、完成一項困難的任務、在公開場合表現優異等，這能夠幫助你認識自己的能力，增強信心。

3. 面帶微笑，展現自信

笑容是一種強大的心理暗示，當你微笑時，大腦會產生正向情緒，使你更有自信。同時，微笑也會讓人際互動更加順暢，讓你在人群中更受歡迎。

4. 挺胸抬頭，保持自信的姿勢

心理學研究指出，人的姿勢與內心狀態息息相關。站直、挺胸、抬頭，能夠讓你感受到力量，也會讓別人對你產生信任感。成功人士的特點之一，就是展現出自信的肢體語言。

5. 主動與人交流，增強社交自信

許多自卑的人害怕與人交流，因而越來越封閉。其實，越主動與人交流，你會發現自己其實有很多值得欣賞的優點，從而提升自信心。試著每天向一個陌生人打招呼，或在會議中主動發表意見，都是鍛鍊自信的方法。

6. 欣賞振奮人心的音樂，激勵自我

音樂能夠影響情緒，當你覺得信心低落時，可以聆聽激昂的音樂，例如《我們要讓你搖滾》（*We Will Rock You*）、《虎之眼》（*Eye of the Tiger*）這類能夠帶來能量的歌曲，讓自己進入積極的心態。

相信自己，創造更美好的未來

在這個競爭激烈的時代，每個人都面臨挑戰與壓力。唯有擁有自信，我們才能勇敢面對困難，抓住機會，發揮自己的潛力。相信自己，不僅是成功的關鍵，更是讓人生充滿可能性的起點。

從今天開始，相信自己，你會發現，人生的每一步都會更加穩健，未來也將更加光明！

設定遠大目標，邁向成功之路

成功是許多人孜孜以求的目標，但並非憑藉努力就能達成。在追求成功的過程中，最重要的第一步就是確立清晰的目標。許多人終其一生忙碌不已，卻未曾真正思考：「我的目標是什麼？」

目標的力量

人生若沒有目標，就如同迷失方向的旅人，只是在原地徘徊。心理學實驗曾發現，若將一群毛毛蟲首尾相接圍繞著花盆，它們會不斷地沿著環形軌道前進，最終因為疲憊而無法生存。這種盲目的行動，恰如許多人的生活寫照——日復一日地忙碌，卻不知自己真正想達成什麼，最終陷入無法突破的循環。

明確的目標與計畫

目標不只是願望，而是可具體執行的計畫。有些人年少時立下成為科學家、作家、企業家的夢想，但多年後卻發現自己仍在原地踏步。這並非能力不足，而是因為目標模糊，缺乏具體的實踐方式。

設定明確的目標，並將其分解成可執行的步驟，是成功的關鍵。例如：假設你希望五年內創業成功，那麼你需要設定年度、季度、甚至每月的小目標，確保自己朝正確的方向邁進。小至計劃每月存下一定資金，大至學習業界知識、建立人脈，這些環環相扣的行動，才能讓大目標從夢想變成現實。

目標過多等於沒有目標

美國西點軍校的一個故事曾描述，一群遠征軍士兵在雪地中行進時，因為四周白茫茫一片，無法聚焦於明確目標，導致視覺過度緊張而短暫失明。這個現象也適用於人生：當目標過於分散，反而會讓人迷失方向，難以聚焦真正重要的事務。因此，目標不應貪多，而應明確、可衡量、可執行。

以行動支撐目標

成功人士的共同點，就是不僅擁有清晰目標，還能堅持不懈地執行。以特斯拉創辦人伊隆．馬斯克（Elon Musk）為例，他在年輕時便確立了投身科技創新的願景，並將目標拆解成具體行動：創辦支付公司（PayPal），進軍電動車產業（Tesla），再推動太空探索（SpaceX）。每一個計畫皆有其可執行的步驟，並且伴隨著堅定的實踐精神。這說明成功並非單憑機運，而是來自不懈的努力與策略性的規劃。

從願景到現實

英國作家蕭伯納（George Bernard Shaw）年輕時只是政府機關的小職員，但他為自己設定了每天撰寫一篇短文的目標，最終累積成為影響世人的文學巨匠。清代名臣曾國藩亦曾說：「第一要有志，第二要有恆。」意即，有志才能確立遠大目標，有恆才能堅持不懈，讓夢想成真。

以目標為燈塔，照亮成功之路

人生目標的本質，正是我們的願景。思想有多遠，人生就能走多遠。成功不是偶然，而是透過精心策劃與不斷行動所累積的成果。因此，確立遠大的目標，並以具體計畫逐步執行，才能確保今天的努力成為明天的成就。

擁抱自我，走出自卑

心理學家阿爾弗雷德．阿德勒（Alfred Adler）在《自卑與超越》中提到，每個人都帶有不同程度的自卑感，因為我們總希望能夠更進步、更優秀。然而，並非每個人都能成功克服這種情緒，關鍵在於我們如何看待自己，以及如何正確地理解生活。如果一個人無法坦然面對自己的缺點，或是過度誇大自己的不足，最終都會陷入自卑的困境。因此，提升自信的第一步，就是學會真正接納自己，無論是優點還是缺點。

接納自我，擺脫自卑

真正的自我接納，就像一段深刻的愛情。當我們真心愛一個人時，會願意接納對方的一切，包括他的不完美，甚至在他犯錯時依然選擇包容。如果我們能夠用這樣的態度對待自己，那麼我們將能更自在地面對內心的不安，真正擁抱自我。

接納自己，並不代表無條件地滿足現狀，而是對自己誠實，認清自身的優勢與不足，並以積極的態度去發展個人的潛能。它意味著傾聽內心的聲音，而非一味迎合外界的標準；意味著不因短暫的失敗而否定自己，而是視其為學習與成長的機會。當一個人能夠從容地面對自己的不完美，他才能夠真正釋放內在的潛能。

自愛與自私、自戀的區別

接受自我是種自愛，但它與自私或自戀有本質上的不同。自愛意味著珍惜自己，同時也尊重他人；自私則是以個人利益為中心，不顧他人感受；而自戀則是極端的自我崇拜，缺乏客觀的自我評價。真正的自愛，是在肯定自己的同時，也能夠珍惜世界、關心他人，並保持與外界的良好互動。

自我觀察與鏡子練習

試著站在鏡子前，仔細觀察自己的臉龐與身形。你或許會發現自己某些部位並不如想像中完美，甚至可能會對某些細節感到不安。但請試著對自己說：「無論我的缺陷是什麼，我都無條件地接受自己。」深呼吸，放慢語速，重複這句話。你不需要喜歡鏡中的自己，但你可以選擇接受它，因為這就是你。

每天進行這樣的練習，久而久之，你會發現自己開始以更溫和的眼光看待自身，對自我的不安感逐漸減少，內心的自信則悄然增長。

以幽默化解自卑

真正的自信來自於能夠坦然面對自己的不足，甚至能夠幽默地解嘲。心理學家波希霍汀（Paul Boese）曾說：「不要對自己過於嚴肅，對於那些愚蠢的念頭，不妨開懷一笑，你會發現它們很快就會煙消雲散。」當我們能夠笑對自己的缺點，而不是讓它成為內心的負擔，我們就能獲得更輕鬆、更自由的生活態度。

接納自我，活出自在

自我接納是邁向成長的關鍵，它並不代表停滯不前，而是學會與自己的優缺點和平共處，並在此基礎上不斷進步。唯有真正接受自己，我們才能以更穩健的步伐，走向更美好的人生。

自律 —— 遠離無謂的煩惱

控制自己比影響他人更關鍵

無法控制自己的人，很難取得真正的成功。當一個人失去自制，別人便能輕易擊敗他。這是一條鐵則。然而，自我控制並非易事，因為人性本身充滿理性與感性的掙扎。自我約束意味著依循理智行事，克服一時的誘惑與本能的衝動。真正有自律能力的人，即使在情緒高漲時，仍能冷靜應對，維持理性判斷。

自我約束是成功的基石

凡是有所成就的人，無不擅長自我管理。他們的心智、精神與目標能夠保持一致，而內心混亂的人則容易陷入失敗。這些人無法集中注意力，最終錯失成功的機會。唯有先管控自己，才能在處世之中協調各種因素，發揮最大效能，最終邁向成功。

每個人都應該積極進取，努力提升自我價值，從平凡中脫穎而出。但如果缺乏自律，無法有效管理情緒，就難以成為自身命運的主宰，更無法影響他人或掌握局勢。

自制的力量：美國雜貨店的故事

美國賓州的一家雜貨店曾發生一件事，生動詮釋了自制的影響力。

在這家店內，許多女士排隊向客服人員投訴。她們之中有些憤怒無理，甚至出言不遜。然而，負責接待的年輕女店員始終微笑以對，態度優雅且沉穩，沒有表露任何不悅。

有趣的是，這位年輕女店員其實是一位聾人，她的助手會將顧客的抱怨簡要寫在紙條上，再交給她。這樣的安排讓她無需受到憤怒言語的影響，專注於處理實際問題。富蘭克林見證這一幕後，深受啟發。他發現，這名店員的鎮定與微笑，讓原本憤怒的顧客變得平靜，甚至有些人離開時還顯得有些羞愧。

此後，每當富蘭克林聽到不中聽的話而感到不耐時，他便想起這位年輕女子的自制力。他學會忽略無謂的爭執，避免讓自己因為無意義的話語而心生怨懟。他認為，每個人都應該有一副「心理耳罩」，適時遮蔽不必要的噪音，專注於更重要的事務。

自律：自由的真正基礎

自律並非只是「做自己想做的事」，而是能夠管理自身情緒，不讓感性凌駕於理性之上。一個人的自由，來自於能夠控制自己的情緒，而不是被情緒左右。若讓情緒主宰行為，人便會淪為它的奴隸，最終喪失真正的自由。

每個人都希望活得幸福，並努力朝目標前進。然而，若只顧一時痛快而忽略後果，往往會付出沉重代價。許多能提供短暫滿足的事情，往往正是對我們的健康、快樂與成功最具破壞性的事。因此，在追求幸福生活時，應當避免做出可能導致長遠損害的決定。

自我約束與承諾的代價

缺乏自律的人，往往成為自己承諾的受害者。例如：許多人習慣輕易說出「我保證……」，結果卻耗費大量時間與精力在無意義的事務上。事實上，這世界上唯一可以確保的承諾就是：「那些經常保證一切順利的人，最容易出問題。」

自律的持續性決定成就

擁有自律能力，與真正成為一個自律的人，兩者之間存在差異。偶爾的自制，或許能幫助我們避免短期麻煩，但若想要真正成功，則必須持之以恆，讓自律成為一種習慣。人生是一連串時間的積累，而如何管理短期內的情緒與行為，將決定長遠的成功與幸福。

堅持自律，塑造卓越人生

真正的自律不僅能幫助我們管理自身情緒，避免無謂的煩惱，更能讓我們在生活與事業上取得長期成功。透過培養穩定的自制力，我們不僅能掌握自己的命運，更能影響周遭的人，成為真正有價值的人。

別讓驕傲干擾自律：謙遜才是成功的基石

驕傲是自律的敵人

驕傲自大往往導致失敗，而非成就。真正成功的人懂得自知，避免陷入自負的陷阱。《尚書》有云：「滿招損，謙受益，時乃天道。」這句話意味著，驕傲帶來損失，而謙虛則帶來收穫，這是自然法則。一個人常犯錯的原因，並非因為無知，而是因為自認為無所不知。自滿、自負和輕信是人生三大危機，驕傲的人常在得意忘形之際招致失敗，甚至毀掉自己的事業與人生。

歷史教訓：驕傲導致敗局

在歷史上，許多本應能獲得更大成就的人，卻因為驕傲而自毀前程。

關羽的驕傲與荊州失守

三國時期，關羽以勇武聞名，卻因過於自信而栽跟頭。東吳的陸遜與呂蒙利用他的驕傲，設計「驕其心，懈其備」的計謀。呂蒙假裝生病，由毫無名氣的年輕將領陸遜接任，並故意對關羽示好，送上貢品與禮物。關羽輕視陸遜，誤以為東吳不足為慮，便將駐守荊州的兵力調走一半，結果給了對方可乘之機。最終，東吳輕易奪取荊州，關羽落敗被擒，最終被處決。倘若關羽能保持謙遜、謹慎佈防，結果或許大不相同。

李自成的狂妄與大順政權的短命

明末農民起義領袖李自成原本有機會推翻明朝，建立長久的政權。然而，他被勝利沖昏了頭，剛攻入北京便急於搜刮財富，對明朝官員與富商施以酷刑，逼迫他們交出財產。這種無差別的掠奪不僅使民心離散，甚至讓明朝將領吳三桂決定投靠清廷，迎來八旗兵反攻。李自成在短短 42 天內便被趕出北京，最終敗亡。如果他能克制驕傲，穩健治國，歷史或許會改寫。

龜兔賽跑的啟示：穩扎穩打才是關鍵

龜兔賽跑的故事耳熟能詳，最終的勝者不是跑得快的兔子，而是一步一腳印的烏龜。兔子敗北的關鍵就在於輕敵與驕傲，牠過於自信，認為即使休息一下，烏龜也無法趕上，結果卻在疏忽之間輸掉比賽。這個故事提醒我們，無論能力再強，若缺乏謹慎與堅持，最終仍可能一敗塗地。

克服驕傲，保持成長心態

在人格特質中，克服驕傲是最困難的挑戰之一。即使我們努力壓制它，它仍可能在不經意間浮現。驕傲讓我們變得固執，難以接受建議，也使我們失去客觀判斷能力。許多成功人士之所以能長久維持成就，正是因為他們懂得持續學習，不讓驕傲遮蔽成長的機會。

成功來自謙遜，驕傲則導致毀滅。真正的強者，並非那些炫耀自己成就的人，而是能夠謙遜學習，不斷進步的人。

謙虛自律，成就長遠的成功

驕傲是一種干擾自律的陷阱，它讓人沉溺於過去的成就，失去前進的動力。唯有保持謙虛，才能讓自己不斷學習與進步。無論是在事業、學業或人際關係中，都應避免自滿，保持開放的心態接受批評與建議，這樣才能走向真正的成功之路。

嚴以律己：一生的財富

自律是對抗誘惑的最佳武器

生活充滿各種誘惑，稍有不慎，便可能落入欲望的陷阱。然而，真正可怕的並非跌入陷阱，而是沉迷其中，無法自拔。懂得節制，才能避免因短暫的滿足而付出長遠的代價。

正如罌粟果在醫學上能夠止痛、鎮靜，但若濫用，則會成為毀滅性的毒品。生活中的許多事物亦是如此 —— 適量能帶來益處，過度則可能造成危害。例如：飲食過量會損害健康，運動過度則可能導致身體勞損。先人早已洞察此道理，流傳下諸多警世諺語，如「美味不可多餐」、「得意不宜再往」、「快心事過必為殃」，皆提醒我們凡事應有節制，不可過猶不及。

欲望無限，唯有自律能克之

人是「欲望的動物」，這使得克制變得尤為困難。與其他動物不同，人類的需求往往遠超生存所需，除了基本的飲食需求，還有名利、權力、財富的追求。當這些欲望膨脹，往往會帶來無可挽回的後果 —— 國家因貪婪而戰爭，個人因貪圖利益而誤入歧途。為了滿足私欲，有人不惜採取極端手段，如詐騙、貪汙，甚至危害他人。

古往今來，許多思想家皆對此提出警惕。道家提倡「知足不辱，知止不殆」，儒家強調「克己復禮」，佛家則勸誡人們戒除貪念。這些教誨皆指向同一個道理 —— 放縱欲望，終將招致災禍。雖然適度的欲望能驅動人類進步，但若缺乏自律，最終只會走向毀滅。

歷史上的自律典範

歷史上，許多成功人士都以自律為本，將其視為一生的準則。

楊震：「天知、地知、你知、我知」

東漢教育家楊震在擔任東萊太守時，曾舉薦王密為昌邑縣令。某夜，王密悄悄送來黃金十斤，以示感謝，並低聲說：「現在夜深無人知曉。」楊震嚴正拒絕，並回應：「天知、地知、你知、我知，怎能說無人知曉？」王密聽後羞愧離去。楊震的高潔品格與自律精神，成為後世楷模。

許衡：「梨樹失主人，我的心不能無主」

元代學者許衡，曾在逃難途中遭遇飢渴。同行者見路旁有梨樹，便爭相摘食，唯獨許衡端坐樹下，絲毫不動。有人問：「樹的主人早已不在，何必拘泥？」許衡答：「梨樹雖無主人，但我的心不能無主。」他的話，道出了自律的真諦 —— 無論外在環境如何動盪，內心的原則與信念，絕不能被動搖。

自律是幸福的關鍵

真正的幸福並非來自物質的堆積，而是來自內心的平靜與滿足。哲學家叔本華曾說：「世人多不顧健康，終生追逐功名利祿，努力獲取他人的尊敬與仰慕，這是極度愚蠢的行為。人的幸福，主要來自內心的平和與滿足。」這句話深刻揭示了自律與幸福的關係。

現代社會充滿誘惑，但唯有嚴以律己，才能確保內心的安定，擁有真正長遠的成就與快樂。透過自律，我們能夠平衡欲望，追求更高層次的精神富足，並在人生的旅途中走得更遠、更穩。

自律是最寶貴的財富

無論時代如何變遷，自律始終是個人成功與幸福的基石。它不僅讓我們在面對誘惑時保持清醒，也幫助我們在人生道路上穩步前行。真正的強者，並非掌握最多資源的人，而是能夠掌控自身欲望、堅持原則、不被外界左右的人。唯有嚴以律己，才能擁有真正值得珍藏一生的財富。

樂觀——
自信大方，勇敢面對人生

用微笑擁抱生活

你的心態決定了生活對你的回應。若以消極的態度面對世界，生活便顯得灰暗；若保持積極樂觀，生活則會回以燦爛陽光。當你以微笑迎接每一天，世界也會展現更美好的一面。微笑，是一朵永不凋謝的花朵，它跨越季節與國界，只要人心存樂觀，它便能綻放出燦爛的光輝。

有人說：「活著本身就是一種勝利。」但若連微笑都缺乏，生活又怎會真正幸福？微笑如同陽光，帶來溫暖；如同雨露，滋潤心田。它能撫慰飢寒交迫者的心靈，帶給困境中的人們希望，使孤獨者感受到溫暖，也讓內心枯竭的人重新找回情感的滋潤。正如俗話所言：「笑一笑，十年少。」保持微笑的人，擁有更健康、更年輕的心境。快樂與憂愁，皆是個人生活的一部分，但生命的美麗，在於我們如何選擇去面對它。

以樂觀態度迎接挑戰

無論遭遇失敗或挫折，無論天色陰暗或困難重重，都應選擇微笑面對。微笑，不僅是女人最美的妝容，也是男人最有力量的信念。不同的人有不同的生活方式，而關鍵在於如何選擇態度來享受生命。我們應以樂觀的心境迎接挑戰，讓微笑成為日常的一部分。

生命難免有起伏，痛苦與失敗皆是人生的一部分。但當我們學會在困境中微笑，便能從中汲取智慧與力量，變得更加堅強。微笑能沖淡痛苦，驅散煩憂，讓人以更輕盈的步伐前行。以微笑擁抱生活，便是對人生最美的讚歌。讓自己心胸開闊，遠離狹隘與自私，學會釋懷，讓微笑成為內心的指南。

微笑的力量

微笑，是一種無聲的美，是內在修養與氣質的展現。微笑，不僅能改善情緒，還能減輕壓力，提升免疫力，甚至讓人更加自信。微笑的人，能夠坦然面對人生的起伏，榮辱不驚，即使遭遇困境，依然能保持積極的態度。當我們學會在煩躁時微笑，就能撥開心中的烏雲；當我們在低谷中微笑，就能找回內心的陽光。

微笑帶來力量，讓我們勇敢前行。當你以微笑面對人生，便能強化意志，堅定腳步，無懼人生的坎坷與挑戰。微笑，是最智慧的表現，它蘊含著豁達與睿智。讓微笑成為日常習慣，讓它帶來心靈的自由與快樂。

讓微笑成為生活的一部分

微笑，是一種超然的人生態度，也是一種待人處世之道。學會微笑，意味著擁有豁達的心境與成熟的智慧。當生活讓你感到疲憊時，不妨聽一首動人的旋律，喚醒內心的美好；當愛情讓你受傷時，為自己準備一束鮮花，讓愛的美好重新綻放；當人生遇上風雨時，給自己一個鼓勵的微笑，讓它成為暴風雨後最美的彩虹。

在這個世界上，沒有誰比擁有快樂心靈的人更富有。當你把微笑送給世界，世界也會回以燦爛的笑容。讓我們用微笑擁抱人生，享受每一刻的美好，讓生命更加精彩，更具價值。

以微笑照亮人生

微笑是最簡單卻最有力量的禮物。它不僅改變個人心境，也能影響他人，讓世界變得更加美好。真正懂得微笑的人，能夠以豁達的心態迎接挑戰，以自信的態度面對人生。讓我們保持微笑，讓它成為內在力量的象徵，讓人生更加燦爛輝煌。

不要成為悲觀的奴隸：擁抱樂觀，開創人生

悲觀容易，樂觀需要智慧

人生如同一場旅程，途中難免有風雨與挑戰。然而，若我們總是被悲觀情緒籠罩，那麼這段旅程將變得更加艱辛。悲觀是一種習慣，樂觀則需要用智慧去培養。真正能夠掌控人生的人，首先要學會戰勝內心的悲觀情緒。

古人云：「去留無意，閒看庭前花開花落；寵辱不驚，漫隨天際雲卷雲舒。」這種豁達的態度正是對人生最好的詮釋。既然悲觀無法改變現狀，何不選擇樂觀，以更積極的心態去面對生命的挑戰？

樂觀與悲觀：你選擇哪一種人生？

有兩個人住在同一座荒涼的山上——

第一個人悲觀嘆氣，他認為這片土地毫無生機，於是在山腳下為自己修築墳墓。

第二個人則充滿希望，他在山坡上種滿樹苗，期待未來能夠收穫豐收的果實。

四十年過去，第一個人老了，最終走進了自己修築的墳墓，而第二個人則精神抖擻，在綠意盎然的果園中享受勞動的成果。

時光流轉，第一個人的墓地雜草叢生，孤寂荒涼，而第二個人創造的花果山，生機盎然，綻放著生命的光輝。

這則寓言告訴我們，悲觀與樂觀都是種子，而我們選擇種下哪一顆，將決定我們收穫的是苦澀，還是甘甜。

微笑是戰勝悲觀的最佳武器

樂觀與悲觀的區別，在於對同一件事情的態度不同。樂觀的人，總能在困境中看到希望；悲觀的人，則容易沉溺於問題之中無法自拔。當人生遭遇困難，不妨換個角度思考，也許另一條路會帶來新的契機。

正如一句話所說：「生性樂觀的人，懂得在逆境中尋找光明；生性悲觀的人，則會用嘆息吹熄眼前的光亮。」真正的智慧，是學會用微笑去迎接人生的每一個挑戰。

史蒂芬・霍金的故事：樂觀改變命運

史蒂芬・霍金（Stephen Hawking），是二十世紀最傑出的理論物理學家之一，他的研究改變了人類對宇宙的認識。然而，他的一生並非一帆風順。

21 歲時，霍金被診斷出罹患漸凍症（ALS），醫生預測他僅剩兩年壽命。然而，霍金並未被這個殘酷的命運擊垮，他選擇以樂觀和堅毅的精神繼續求學與研究。他克服了身體上的重重限制，最終獲得劍橋大學博士學位，並提出了劃時代的「霍金輻射」理論。

隨著病情加重，他逐漸失去行動能力，甚至無法說話，必須依靠語音合成器與外界溝通。然而，即便如此，他仍然活躍於學術界，撰寫科普著作，並透過演講向世界傳播知識。他的著作《時間簡史》成為全球最受歡迎的科學書籍之一，讓無數人對宇宙產生濃厚興趣。

霍金從未讓病痛成為他放棄夢想的藉口，他曾說：「無論生活多麼艱難，總有一些事情是你可以做並獲得成功的。最重要的是不要輕易放棄。」他的故事告訴我們，真正的困境不是身體上的障礙，而是內心是否選擇了樂觀與堅持。

樂觀讓人生更廣闊

悲觀的人，只會讓人生的道路越走越窄，而樂觀的人，則能讓人生的視野更加遼闊。

曾有一位年輕畫家，身無分文卻走進一家高級餐廳，大吃一頓生蠔，期待能在蠔殼中發現珍珠來支付帳單。或許這行為有些荒誕，但他的樂觀心態卻讓人驚嘆 —— 因為這樣的人，對生活永遠充滿希望，而不會被悲觀所束縛。

正如智者所言：「想解脫的人，天大的問題都困不住他；煩惱重的人，芝麻小事都會讓他愁苦不堪。」

選擇樂觀，活出精彩人生

在同樣的環境下，不同的心態會帶來截然不同的結果。悲觀者看見的是障礙，樂觀者則看見的是機會。人生的道路由我們自己決定，讓我們選擇微笑，以樂觀的態度迎接每一天，開創更燦爛的未來！

好心情就是大健康：用快樂豐富人生

快樂是一種選擇

擁有快樂的心情，就能感受生活的美好。懂得尋找快樂，生活便會回應以溫暖。學會欣賞日常中的細節，珍惜每一刻的愉悅，不讓不快樂占據心靈，而是積極尋找幸福的理由。

當閒暇時，可以聆聽音樂，讓旋律舒緩心境；閱讀一本好書，增添智慧與靜謐；走出戶外，感受大自然的活力；嘗試新事物，如換個髮型、挑選一件喜愛的衣服，這些小小的改變都能為心情帶來新鮮感。生活的精彩來自於我們如何去經營它。經常告訴自己「我要快樂」，心理的暗示能幫助排除雜念，驅散消極情緒。快樂可以傳染，當你擁有快樂，便能讓周圍的人一同感受到這股正能量。

如何調適心情，遠離煩憂

當快樂被突如其來的煩惱打斷，世界瞬間變得灰暗，心情陷入混亂時，不要任由負面情緒蔓延，而是要積極找回內心的平衡。當遇到困擾時，試著梳理問題的根源，找到化解的方法。學會放鬆，讓快樂再次回歸。若總是因小事而焦慮，那麼調適心態便成為人生必修課。

調適心情的方法有很多，關鍵在於培養快樂的習慣。用愉悅的心情迎接每天的太陽，讓溫暖扎根於心，讓冷漠遠離。快樂能讓人精神煥發，讓生命充滿活力。當我們將快樂視為人生最重要的事業去經營，便能真正體會幸福的真諦。

快樂不該依賴外在標準

有一位年輕的工程師小林，畢業於名校，順利進入台積電工作，擁有讓人稱羨的高薪與穩定的職涯。然而，隨著日復一日的加班與高壓環境，他開始覺得生活枯燥乏味，甚至連假日都在處理未完成的工作。

有一天，他在半夜回家時，順手拿起一塊蛋糕，一邊吃一邊思考:「如果每天的日子都是這樣，我真的快樂嗎？」那一刻，他想起自己從小對烘焙的熱愛。小時候，他最開心的時光就是和母親一起做甜點，看著蛋糕在烤箱裡慢慢膨脹，他總是興奮不已。然而，隨著升學與求職，他漸漸遺忘了這份純粹的快樂。

經過一段時間的考慮，他決定辭去人人稱羨的工程師工作，轉而到法國學習甜點製作。親友們不理解，甚至有人嘲笑：「放棄高薪去當甜點師，太不值得了！」但他堅持自己的選擇，並在學成歸國後，開設了一家小小的甜點店。

如今，他的店裏生意興隆，經常能看到他專注地製作甜點的身影。他說：「以前的我，每天都在趕專案，收入雖然高，卻過得焦慮不安。現在，我做著自己熱愛的事，每天都很快樂。」

這個故事告訴我們，快樂不應該由社會標準來定義，也不應該受限於薪資或頭銜。真正的快樂來自內心，而不是來自別人的眼光。

快樂源自心態的選擇

懂得生活的人，都是快樂的創造者。正如一句話所說：「快樂是自找的。」有些人習慣庸人自擾，而聰明的人則懂得經營快樂。人生難免遭遇煩惱與失落，但關鍵在於如何選擇面對的方式。

就像「半杯水」的寓言 —— 有人看到剩下的水，感到遺憾：「怎麼只剩半杯？」而樂觀的人則會欣喜：「太好了，還有半杯！」同樣的事物，心態不同，感受便大相逕庭。

我們不能因為陰影的存在而抱怨陽光，不能因為潮水帶走腳印而指責大海，更不能因一時的憂傷而拒絕快樂的造訪。快樂是需要經營與珍惜的，若我們不去呵護它，它也會悄然離去。

快樂是一種智慧

煩惱是人生的一部分，但快樂也是，只是它需要我們主動尋找與培養。與其被負面情緒控制，不如學會在困境中「苦中尋樂」，一點一滴地累積快樂。當快樂成為習慣，我們便真正懂得如何生活。人生短暫，不如選擇微笑，以最輕鬆的心態擁抱世界，讓快樂成為我們最珍貴的財富。

坦然——遇事不驚，從容以對

潔身自好，堅守本心

在這個充滿誘惑與變數的世界，保持自律並不容易。金錢、美色、權力等誘惑無處不在，而人性本就具有七情六欲，一旦缺乏堅定的意志，就容易迷失方向，甚至陷入無法自拔的深淵。

人若一心只追逐金錢，便容易被財富蒙蔽雙眼，忽略道德與法律；若沉迷於權勢，則可能滋生野心，甚至不擇手段。這些都可能讓人偏離正道，最終失去內心的平靜。

蓮花是純潔與高尚的象徵，正如周敦頤在〈愛蓮說〉中所言：「出淤泥而不染，濯清漣而不妖。」這份高潔的品格，來自於堅守原則、潔身自好、不與世俗同流合汙。正如古人所言：「貧賤不能移，富貴不能淫，威武不能屈。」能夠堅持這樣的價值觀，才能在人生的洪流中站穩腳步，不被外界動搖。

現代社會的自律之道

如今，我們不必像古人一樣「慎獨」，但仍需謹慎選擇交友圈，遠離不正當的交際場合，將時間與精力投入到學習與提升自我之中。潔身自好，意味著不收不義之財、不參與違法交易、不逢迎權勢。做到這一點，才能真正獲得內心的安逸與自在。

余秋雨曾說：「坦然是一種以後的樂觀，坦然是沮喪時的一種調適，坦然是平淡中的自信，更是心喜之際的鎮定。」這種心態，正是我們應該學習的智慧 —— 不過分沉溺於失敗，也不因一時的成功而自滿，而是以從容的心態迎接人生的每一次挑戰。

得意與失意皆須坦然

在人生的旅程中，無論成功或失敗，都應以平常心對待。

當面臨失敗時，應該學會坦然接受。並非所有努力都能得到預期的回報，但這並不意味著我們的付出毫無意義。人生如花，花開自然美麗，但並非每朵花都能結果，即便如此，它依然展現了自己的價值。

當獲得成功時，更應學會坦然。過度的驕傲只會蒙蔽雙眼，使人喪失前進的動力。正如智者所言：「不要因為一朵花的美麗而駐足太久，也不要因為一次小小的成功而停滯不前。」真正的成功，來自於不斷挑戰自我，讓每一天都比昨天更進步。

托爾斯泰的智慧：珍惜當下，坦然生活

俄國文豪列夫·托爾斯泰曾被人稱羨：「您真幸福，您所愛的一切您都有了。」

但托爾斯泰卻微笑著回答：「不，我並不擁有我所愛的一切，只是我所擁有的一切，我都愛。」

這番話道出了幸福的真諦 —— 並非擁有一切才會快樂，而是學會珍惜當下。每個人都渴望「擁有我所愛」，但真正的幸福來自「愛我所有」，這份心態能讓我們在任何境遇下，都能感受到內心的富足與安寧。

坦然是人生最美的風景

「天空不曾留下鳥的痕跡，但我已飛過。」這句話告訴我們，人生最重要的不是結果，而是過程。只要我們盡力去做該做的事，承擔該承擔的責任，就能獲得一份坦然與自在。

人生的變數無法掌控，但我們可以選擇以什麼樣的心態去面對。當我們學會以坦然的態度迎接生活中的風雨，便能擁有真正的自由與快樂。

處變不驚，迎難而上

林肯的堅韌與毅力

美國第十六任總統亞伯拉罕·林肯（Abraham Lincoln）被譽為美國歷史上最偉大的領袖之一。然而，他的成就並非來自順遂的人生，而是從無數的失敗與挫折中鍛造而成。林肯的一生充滿挑戰，據統計，他在政治與職場生涯中失敗過三十五次，但最終的第三次成功，讓他登上了總統寶座。

當他競選參議員落敗時，他曾幽默地說：「此路艱辛而泥濘，我一隻腳滑了一下，另一隻腳因而站不穩。但我緩口氣，告訴自己，這不過是滑一跤，並不是死去而爬不起來。」這句話展現了他在逆境中的堅韌與樂觀。他能夠一次又一次地從失敗中站起來，正是因為他的決心與毅力，使他成為歷史上最偉大的領袖之一。對於堅強的人而言，失敗只是人生道路上的小障礙，只要勇於面對並克服，就能迎來更寬廣的前景。

企業領袖的果斷決策

不僅是在政治領域，商業世界中也有許多面對挫折仍能處變不驚的領袖。以約翰·霍爾（John Hall）為例，他在 2000 年代初期接管了一家深陷財務危機的國際製造企業。當時，這家公司因全球經濟衰退而陷入嚴重虧損，面臨倒閉的危機。然而，霍爾並未因此退縮，反而果斷進行組織重整，出售低效能部門，並將資源集中於高科技製造領域。

當 2008 年的金融風暴來臨時，這家公司不僅成功抵禦危機，還憑藉創新技術成為業界的佼佼者。在霍爾的領導下，公司逐步轉型為全球頂尖的科技企業，他的策略與遠見，讓公司從低谷中崛起，再次站穩市場領導地位。他曾對股東們說：「企業的成功來自於勇於改變與適應挑戰，而非害怕風險。」

愛迪生的堅持與創新

在科學與技術領域，湯瑪斯．愛迪生（Thomas Edison）同樣展現了驚人的毅力。他在研發鹼性蓄電池時，歷經了近十年的時間，投入五萬次試驗，並記錄超過 150 本試驗筆記。每當遇到挫折，他從未動搖，而是重新開始，最終成功研發出實用的蓄電池，改變了能源技術的發展。

愛迪生的精神充分展現了「失敗乃成功之母」的哲理。他曾說：「我沒有失敗，我只是找到了幾萬種行不通的方法。」正是這種不屈不撓的態度，使他成為影響世界的重要發明家。

堅韌不拔，成就非凡

無論是在政治、商業或科技領域，真正的成功者都不是一帆風順的人，而是能在挫折面前依然堅持信念、不斷嘗試並勇於改變的人。他們以堅定的決心與樂觀的態度，面對人生的種種挑戰，最終創造出非凡的成就。面對困難時，唯有處變不驚，才能迎來柳暗花明的新局面。

與其困惑，不如坦然面對人生

人生的困惑與接受現實

世界上沒有絕對的公平，也不可能人人都能成為富翁。當面對自身無法抗拒的不公或困境時，陷入抱怨與糾結並無益處，反而會讓內心更加沉重。相反，學會坦然接受人生的不完美，才能在困惑中找到屬於自己的方向。

正如古人所言：「飽食終日，無所用心，難矣哉。」孔子早已洞察，單純的物質滿足並無法帶來真正的快樂。人生本就是充滿不確定性的旅程，困惑無處不在，而真正的智慧在於如何在困惑中找到平衡，以積極的態度面對生活中的不確定性。

人性的欲望與困惑的根源

困惑的產生，往往與人類的欲望密不可分。蕭伯納曾說：「人生有兩大悲劇，一是他不能得到他想要的東西，二是他得到了他想要的東西。」這句話揭示了人類的矛盾心理——當我們得不到時，會感到痛苦；當我們擁有後，又可能覺得無趣。

古人云：「意有所欲，猶容器之口未塞，空空然而求其滿。」人類的需求從基本的溫飽到精神上的追求，永無止境。然而，過度的欲望容易帶來貪婪與焦慮，使人陷入困惑與不滿。因此，學會調整心態，在滿足與不足之間找到平衡，才能減少困惑，獲得真正的內心安寧。

從困惑到坦然的智慧

人生就是一場困惑與坦然之間的較量。在困惑中，我們試圖尋找答案，在坦然中，我們學會接受無法改變的現實。困惑可以激勵我們思考與探索，而坦然則幫助我們保持平靜，不因挫折而迷失方向。

真正的智慧在於承認困惑的存在，並學會用不同的視角審視它。當我們能夠接受困惑，並將之轉化為思考與成長的動力，困惑便不再是阻礙，而是前行的推力。人生的價值不在於擁有多少，而在於如何以坦然的態度活出自己的精彩。

坦然面對，走向幸福

人生不可能永遠順遂，幸福與困惑往往相伴而生。然而，如果我們能以坦然的心態面對困惑，幸福與快樂便會隨之而來。只要我們保持坦然，人生的風雨不會摧毀我們的希望，挑戰不會動搖我們的信念，善良與愛也不會因環境而改變。

當我們學會在困惑中保持平靜，尋找意義，就能在生命的旅途中收穫真正的快樂。與其困惑，不如坦然，因為坦然讓我們不畏艱難，勇敢向前，最終擁抱幸福的人生。

退一步，海闊天空：懂得讓步，獲得幸福

退讓的智慧：爭與不爭的選擇

生活中，許多爭執的起因往往只是一些微不足道的小事。然而，為了「面子」或逞一時之快，許多人寧可針鋒相對，也不願退一步思考問題的本質。結果，小小的意見分歧演變成難以收拾的爭端，甚至影響彼此的關係與未來的發展。其實，適時的退讓不僅能化解衝突，還能展現個人的胸襟與智慧，正所謂「忍一時風平浪靜，退一步海闊天空」。

清朝康熙年間，大學士張英收到家書，得知家人因為砌牆問題與鄰居爭執不休，於是請求他出面干涉。然而，張英的回信卻只有簡單的一首詩：「千里捎書只為牆，讓他三尺又何妨。萬里長城今猶在，不見當年秦始皇。」他的家人領悟其中道理，選擇退讓三尺，鄰居見狀，也主動退讓三尺，最終形成了一條六尺寬的胡同，方便了村民通行，也成就了「六尺巷」的美談。

從這個故事可以看出，適時的退讓不僅不會讓人吃虧，反而能贏得尊重。真正的大智慧在於理解「退讓」並不是軟弱，而是一種高尚的品格。

與其爭執，不如寬容

一位婦人因為日常瑣事經常生氣，她請教一位高僧，希望能解開心中的煩惱。高僧不發一語，將她關進禪房，並且遲遲不理會她的抱怨與求助。婦人一開始憤怒不已，後來漸漸平靜，最終頓悟 —— 生氣不過是對自己的一種懲罰，與其被怒氣所支配，不如學會放下與釋懷。

這個故事告訴我們，爭執與賭氣最終傷害的只是自己，即便表面上占了上風，但內心的煩躁與情緒的消耗，往往遠超過所謂的勝利。如果能學會寬容與忍讓，便能收穫心靈的平靜與他人的尊敬。

我們不妨記錄下自己每一次爭執與生氣的時間與原因，過一段時間回顧，或許會發現許多理由都是微不足道甚至可笑的。當我們理解了這一點，便能在面對衝突時更冷靜，也能避免許多無謂的爭吵。

婚姻與人際關係中的讓步之道

人生中最親密的關係，如婚姻與家庭，往往也充滿了磨擦與挑戰。許多人抱怨婚姻不如預期，愛的人無法相守，結婚的對象卻並非理想中的伴侶。然而，與其埋怨，倒不如學會珍惜與經營。

夫妻之間，爭執難免，關鍵在於如何處理。當雙方發生矛盾時，若能先讓一步，等對方情緒平穩後再心平氣和地溝通，便能避免許多無謂的傷害。畢竟，幸福的關鍵不在於誰對誰錯，而在於彼此願意理解與包容。

退一步，贏得更寬廣的世界

世事難料，人生中總會有不順遂的時刻。然而，當困境來臨時，與其憤怒、抱怨或強行對抗，不如試著退一步，重新審視自己的處境。許多時候，後退並非放棄，而是幫助我們避開不必要的衝突，找到更合適的解決方案。

真正聰明的人，懂得適時退讓，讓自己活得更輕鬆、更自在。正如老子所言：「柔弱勝剛強」，唯有懂得退讓，才能在人生中獲得更多幸福與自由。學會讓步，不僅能讓我們的生活更加順遂，也能讓我們的心靈更加寧靜，最終走向真正的幸福。

遠離貪小便宜的心態，擁抱更大的格局

貪小便宜的心理與影響

在現實生活中，許多人害怕吃虧，然而，真正令人擔憂的是那些習慣性貪小便宜的人。這種行為看似無傷大雅，但卻往往反映出個人價值觀與眼界的狹隘。貪小便宜的人通常只關注短期利益，而忽視了長遠的發展機會。

從人際交往的角度來看，一個人是否願意付出、是否有大格局，往往決定了他在他人心中的地位。當一個人過於計較得失，甚至連微不足道的小利益都不肯放手時，這樣的行為不僅不會讓人尊重，反而會讓人產生戒心，進而影響他的人際關係。

《戰國策》中記載，馮諼在投靠孟嘗君時，要求錦衣玉食、寶馬香車，表面上看來似乎是想要占孟嘗君的便宜，但其實他是在測試孟嘗君是否值得效忠。相對地，趙國的平原君因為貪圖「不費一兵一卒」就能獲得的土地，最終招來滅國之災。這些歷史故事告訴我們，眼前的便宜並不一定是好事，真正的智慧在於看清局勢，選擇更有價值的道路。

大方與計較的差異

在人際關係與商業往來中，真正受人尊敬的人通常是大方、懂得分享的人，而過於斤斤計較的人往往會讓自己陷入孤立。例如：在市場上買菜時，有些攤販主動幫顧客「抹零」，這不代表他們傻，而是因為他們知道，這樣的舉動能夠贏得顧客的信賴，建立長期關係。然而，若有人在秤上動手腳，則會適得其反，讓顧客對他失去信任。這個道理同樣適用於職場與生活——真正聰明的人，不會為了眼前的一點小利而失去長久的機會。

如何遠離貪小便宜的思維

1. 培養長遠眼光

貪圖眼前利益的人往往只關注「當下」，而無法看到更大的未來。真正的成功來自於長期的努力與堅持，而非短期的計算。例如：一位專業人士若只關心薪資而不注重學習與成長，最終可能錯失更好的發展機會。

2. 學會適時付出

「有捨才有得」是一個簡單卻深刻的道理。當我們願意適時付出，不計較小利，往往會贏得更多的機會與人脈。例如：一個願意無償幫助同事解決問題的人，將來在需要幫助時，通常也會獲得別人的支持。

3. 遠離過於計較的人

在社交圈中，應該謹慎對待那些總是貪圖小便宜、斤斤計較的人。這類人往往只會在對自己有利時與你交往，當他們發現無利可圖時，可能會迅速遠離。因此，在建立人際關係時，應該特別注意這一點，避免將這類人視為重要朋友。

以大格局迎接未來

真正有智慧的人，不會被眼前的小利所迷惑，而是能夠看到更遠的未來。他們懂得適時讓步，願意付出，並且樂於與他人分享資源。這樣的人，無論是在事業還是人際關係中，都更容易獲得成功與幸福。

當我們選擇不貪小便宜，堅持自己的價值觀，並用長遠的眼光看待人生，便能在這條路上走得更穩、更遠。真正的成功不是來自於短暫的利益，而是來自於不斷的積累與堅持。唯有擁有大格局，才能創造真正屬於自己的未來。

放眼未來，擁抱更大的可能

成功者的遠見與格局

世界上所有成就卓越的人，都不會將目光局限於眼前的利益，而是擁有放眼未來的視野。真正有遠見的人，不僅關注當下的機遇，更會考量未來的發展潛力。相較於只看見眼前利益的短視者，他們懂得未來才是決定勝負的關鍵。

美國作家唐·多曼（Don Doman）在《事業》一書中強調：「把眼光放長遠」是邁向成功的重要策略。年輕人要想成就一番事業，必須培養遠見，確立人生目標，並堅持不懈地朝著這個方向努力。華特·迪士尼（Walt Disney）就是一個極具遠見的典範，他不只是創造動畫，而是憑藉對未來的願景，打造了迪士尼樂園，並成功將這個夢想推向全球，成為娛樂產業的領軍者。

遠見來自於智慧與修養

遠見並非與生俱來，而是透過經驗的積累與思維的提升逐步培養而成。許多人習慣關注眼前的利益，害怕吃虧，卻未曾意識到，短期的讓步往往是通往長遠成功的關鍵。正如古人所言：「吃虧是福」，這並非消極忍讓，而是一種高尚的智慧。

在職場與人際關係中，斤斤計較的人往往難以獲得真正的成就，因為這樣的人容易因一時的小利而錯失更大的機會。例如：許多企業家在創業初期，選擇優先建立信譽、培養長期客戶，即使短期內未必能夠獲利，但最終卻能夠獲得更持久的市場影響力。

從「吃虧」到「獲益」的轉變

1908 年，美國青年拿破崙．希爾（Napoleon Hill）接受鋼鐵大王卡內基（Andrew Carnegie）的挑戰，用 20 年的時間研究成功哲學，並且完全沒有任何報酬。許多人可能會認為這是「吃虧」，但希爾卻認為這是一個學習與成長的機會。最終，他不僅撰寫了經典著作《成功定律》（*The Law of Success*），還成為美國總統的顧問，影響力遠超想像。這證明了，當一個人願意短期內「吃虧」，他往往能夠獲得更豐厚的回報。

如何培養長遠的眼光

1. 培養耐心與堅持

長遠的成功需要時間的積累，短期的得失不應影響長期的規劃。成功者往往具備超乎常人的耐心與毅力，願意為更大的未來而付出。

2. 將「吃虧」視為投資

在職場或人際關係中，願意付出、願意承擔責任的人，往往能夠贏得更多的機會與信任。短期內可能感覺「吃虧」，但長期來看，這其實是一種價值的累積。

3. 避免短視行為

許多人因為過度專注於眼前的小利益，而忽略了真正的發展方向。當我們學會從更高的角度來看待問題，許多「損失」其實只是短暫的調整，而非真正的失敗。

放眼未來，擁抱更大成就

在這個瞬息萬變的世界裡，只有具備遠見、願意承擔短期「吃虧」的人，才能真正擁有更大的發展空間。當我們學會用長遠的眼光來看待問題，不被眼前的利益所束縛，就能夠在競爭激烈的環境中脫穎而出，迎向更寬廣的未來。

放棄的智慧：
輕裝前行，擁抱人生的真實

學會為人生做減法

人生的成長過程，從簡單到複雜，再從複雜回歸簡單。年輕時，我們總想嘗試更多，抓住每一個機會，累積各種經驗，彷彿只有不斷擁有，才能證明自己的價值。然而，隨著時間的推移，我們終將意識到，精力有限，無法顧及所有事物，因此學會取捨，才能真正找到人生的方向。

一位著名主持人曾說：「一個人圍著一件事轉，最後全世界都可能圍著你轉；一個人圍著全世界轉，最後全世界都可能會拋棄你。」這句話道出了一個深刻的道理：專注於核心目標，才能獲得真正的成就。過於分散精力，反而容易迷失方向，最終徒勞無功。因此，人生的關鍵在於學會做減法，篩選真正重要的事情，並全心投入。

懂得放棄，才能成就更好的自己

許多人習慣於「加法思維」，不斷累積經驗、機會和資源，卻忽略了「減法思維」的重要性。事實上，過多的負擔只會讓人疲憊不堪，使生活變得壓抑。學會適時放棄，反而能讓我們更輕盈地前行。

1. 放棄無謂的比較，專注於自己的步伐

社會快速發展，每個人身邊都有無數的成功案例，然而，過度關注他人的成就，反而會讓自己迷失方向。真正的智慧，是找到適合自己的道路，並穩健地走下去。

2. 放棄不必要的執念，讓內心更自由

過度的執著，有時只會帶來痛苦。例如：對於已經無法改變的過去，如果一直耿耿於懷，反而會影響未來的發展。適時放手，才能迎接新的可能。

3. 放棄無效的努力，把時間留給真正重要的事

在職場上，許多人希望面面俱到，但現實是，一個人的精力有限，若試圖兼顧所有事情，最終可能一事無成。因此，選擇一個最適合自己的領域，並全力以赴，才是更明智的選擇。

學習放下並前行

美國知名運動員西蒙・拜爾斯（Simone Biles）在 2021 年東京奧運期間做出了一個震驚世界的決定——她選擇退出多個比賽，理由是心理健康與安全考量。這位擁有多面奧運金牌的體操選手，原本被寄予厚望，但她意識到，如果強迫自己繼續比賽，可能會造成更嚴重的身心傷害。

這個決定引起全球討論，許多人起初不解，認為她放棄了難得的機會。然而，拜爾斯並未讓外界的壓力影響自己的選擇，她明白，比起獎牌，自己的身心健康才是最重要的。她的勇氣與智慧，讓全世界重新思考「放棄」的真正意義——有時候，放棄不是退縮，而是一種深思熟慮後的選擇，是為了讓未來走得更長遠。

拜爾斯的故事告訴我們，放棄並不意味著失敗，而是學會尊重自己、懂得取捨。若我們總是背負著超出能力範圍的壓力，就難以向前邁進；唯有學會釋懷，才能擁抱更廣闊的未來。

放棄的藝術：選擇適合自己的角色

人生是一個不斷選擇與轉換的過程，每一次角色的轉變，都是新的機遇。有些人習慣追求更多，卻忽略了什麼才是真正適合自己的。在這個過程中，學會放棄那些不適合自己的機會，才能將精力集中在真正重要的事情上。

我們不需要活成所有人的期待，而是要找到自己最舒適、最適合的位置。當我們學會為人生做減法，不再被過多的負擔拖累，才能真正享受人生的美好。

輕裝上陣，擁抱人生的可能

人生並非擁有越多就越成功，而是懂得篩選、懂得放棄，才能真正找到自己的方向。有時候，放棄不僅不是失敗，反而是成功的開始。當我們願意捨棄無謂的執念，勇敢放下過去，便能以更輕盈的姿態迎接未來的挑戰與機遇。

在這條人生的旅途中，與其背負沉重的行囊，不如放下包袱，輕裝前行，讓生命回歸簡單與純粹，走出屬於自己的美好道路。

拋開過去，迎向未來的光芒

過去的羈絆與未來的可能

過去或許是我們最美好的回憶，也可能是我們最痛苦的陰影。不論是成功還是失敗，它都屬於已逝的時光。真正的挑戰在於，我們是否能夠從過去抽離，專注於未來的成長。

許多人會因過去的成功而迷失，沉浸在掌聲與榮耀中，卻忘了繼續前行。而有些人則困於過去的挫折與失敗，難以釋懷，讓陰影阻礙自己前進的步伐。無論哪種情況，過度眷戀過去，都是對未來最大的枷鎖。

人生就像一場長跑，停留在過去，就意味著無法向前邁進。真正有智慧的人，不會過度回顧，而是懂得向前看，將過去的經驗化為動力，迎接未來的挑戰。

心理學的啟示：如何走出過去的陰影

當人們深陷過去的傷痛或失敗時，心理學家提供了一種有效的方法：「認知療法」(Cognitive Therapy)。這種方法的核心在於，改變我們對過去的認知，並建立新的思維模式。

這個概念在現代心理學領域中被廣泛應用，尤其是在近幾年，許多心理學家和社會學家開始更深入研究如何幫助人們從過去的困境中釋放自己。例如：在疫情期間，許多人經歷了事業的低潮、生活的壓力，甚至失去親人。然而，那些能夠重新調整心態的人，最終找到新的方向，並從困境中重生。

正如 2021 年美國網球選手大坂直美 (Naomi Osaka)，她曾因心理健康問題退出多場賽事，並公開談論自己的焦慮與壓力。她選擇放下對自己過去表現的執著，重新調整身心狀態，勇敢面對未來的挑戰。她的行動鼓舞了全球許多運動員，提醒我們，適時放下過去的束縛，才能真正贏得未來。

學習拋開過去，專注未來的三個關鍵

1. 接受現實，不與過去爭辯

很多人習慣在心中不斷回放過去的場景，無論是成功或失敗，這種行為都會讓人陷入不必要的情緒消耗。學會接受過去的事實，而不是試圖改變已發生的事情，才能真正放下包袱。

2. 將過去的經驗轉化為未來的動力

與其抱怨過去帶來的挫折，不如將它視為人生的養分。每一次失敗都是學習的機會，而每一次成功也都只是未來的一個起點。學會從過去提煉價值，而不是沉溺於它的情緒中，才能讓未來更加明亮。

3. 為自己設定新的目標與願景

如果過去的成功或失敗定義了你的現在，那麼未來就應該由你的目標來決定。設定新的方向，讓自己專注於未來的可能性，而非沉溺於已成為歷史的過去。

忘掉過去，迎向更廣闊的世界

有句話說：「**如果你一直回頭看，你將無法看到前方的路。**」生命的價值不在於過去如何，而在於我們如何選擇前進的道路。當我們選擇放下過去，便能騰出雙手去擁抱未來的機會。

當我們願意拋開過去的枷鎖，無論是榮耀還是遺憾，真正專注於當下並為未來努力，那麼未來將會為我們開啟無限可能。記住，忘掉過去，才能贏得未來！

選擇與放棄：人生的智慧抉擇

人生的得失平衡

世上沒有兩全其美的事情，當我們選擇某個機會時，往往也意味着必須放棄其他可能。真正成熟的人，懂得在關鍵時刻取捨，不會因猶豫而錯失機遇。學會放棄，是為了讓人生更加聚焦，讓每個選擇都更有價值。

有些人不願意放棄，總希望「全都要」，結果反而什麼都抓不住。真正有遠見的人，懂得取捨，把暫時的放棄視為長遠成功的鋪墊。在追求目標的路上，過多的負擔只會拖慢步伐，唯有懂得適時放下，才能更輕盈地前行。

選擇放棄，是智慧而非懦弱

許多人認為放棄是一種軟弱，然而，真正的強者懂得在適當的時候選擇退出，為未來留下更大的發展空間。拿破崙·波拿巴曾說：「在我的字典裡，沒有失敗兩字。」然而，他最終仍兵敗滑鐵盧，證明了盲目執著的風險。歷史上，許多偉人都曾在關鍵時刻選擇放棄，正因如此，他們才得以重新出發，最終成就偉業。

成功者的智慧，在於知道該放棄什麼、不該放棄什麼。放棄不是逃避，而是一種策略，為的是在適當時機重新出發。

伊隆·馬斯克的取捨智慧

當代科技巨頭伊隆·馬斯克（Elon Musk）就是一個懂得放棄的例子。2022 年，他以 440 億美元收購推特（現稱 X），試圖打造一個全球影響力的社交媒體平臺。然而，這筆交易帶來了巨大的財務壓力，甚至影響了特斯拉（Tesla）和 SpaceX 的發展。面對公眾輿論與財務挑戰，他做出了一個關鍵決定 —— 放棄推特執行長職位，改由琳達·雅克里諾（Linda Yaccarino）接任。

許多人認為這是馬斯克的失敗，但他卻明確表示，這樣的決策是為了讓他能夠更專注於特斯拉的人工智慧（AI）與自動駕駛技術發展，並繼續推進 SpaceX 的星際探索計畫。這種「捨小得大」的策略，正是長遠眼光的展現，也展現了成功人士在關鍵時刻的果斷取捨。

如何掌握「放棄的藝術」？

1. 放棄短期利益，換取長遠發展

許多成功企業家都曾經歷短暫的財務困境，但他們選擇堅守核心目標，而不是為了眼前利益改變初心。例如：蘋果創辦人賈伯斯（Steve Jobs）當年被趕出蘋果，但他選擇在外創立 NeXT 與 Pixar，最終帶著更強的技術與市場洞察回歸，讓蘋果再度崛起。

2. 放棄無謂的執著，聚焦真正重要的事情

過多的欲望與目標，反而容易讓人迷失方向。例如：許多人在職場上試圖兼顧多項技能，結果卻變得樣樣通、樣樣不精。選擇一條適合自己的路，專注投入，才能真正脫穎而出。

3. 放棄負擔，讓人生更輕盈

有時候，我們最大的阻礙不是來自外在環境，而是來自內心的包袱。許多人因為過去的失敗、舊有的怨恨，甚至對完美的執念，而無法前進。放下那些不必要的心理負擔，才能讓人生變得更順暢。

放棄，是人生最重要的選擇之一

人生如同一場棋局，每一步的選擇都決定了未來的可能性。當我們能夠理性地放棄那些不適合自己的道路，專注於真

正重要的目標，就能夠創造更美好的未來。

真正的智慧，不是什麼都想要，而是知道什麼才是值得堅持的。當我們懂得放棄，才能擁有更寬廣的世界。畢竟，魚和熊掌不可兼得，但懂得取捨的人，才能擁有真正屬於自己的成功。

信仰——
遠離迷信，走向理性信仰

精神寄託的必要性

在這個紛繁複雜的世界裡，每個人都會面臨許多難以預測與解決的問題。科學固然能解釋許多現象，但仍有許多未知領域難以觸及。因此，人需要一個精神寄託，這不僅能在困境中提供支持，也能使人在面對無法改變的現實時，以更理智的方式去思考，而不致陷入無助與迷惘。

信仰與理性思維的結合

有些人認為人生無須信仰，甚至認為唯有相信自己才是最可靠的選擇。他們視求神問卜為一種依賴，忽略了人類知識與力量的有限性。若我們細想，自己的感知範圍其實極為有限，未能觸及的事物遠超我們所能理解的世界。信仰自己固然重要，但若只憑個人經驗與理性來應對所有人生挑戰，往往會顯得力不從心。因此，信仰不只是寄託，更是一種理解世界、應對未知的方式，讓人更能面對人生的種種變數。

信仰的多元形式

對於內心敏感且富有思考的人而言，信仰的形式並非唯一。有些人以內在修養與道德堅持為信仰，這同樣能帶來精神上的充實。另一些人則崇敬歷史上的先哲，如老子與蘇格拉底，他們的思想成為精神指引。若這些哲人活在今日，或許會有無數追隨者，甚至成為暢銷作家或思想領袖。信仰的核心並非盲目崇拜，而是透過信念提升自我，使心靈得以安頓。

信仰對心理與生理的影響

擁有信仰的人，通常比沒有信仰的人更為堅定，面對困境時的痛苦較少。信仰能讓人超越困境，甚至在艱難環境中仍能找到意義與希望。信仰亦是一種心理防禦機制，有助於緩解因死亡、疾病等無法控制的生活事件所帶來的壓力。法國心理學家戴里夏（Deleshay）曾指出，當人面對難以掌控的負面情境時，會自動產生「控制幻覺」，使其相信自己仍能掌控外界，從而保護心理健康。相反，若長期處於無法改變的危機中，清楚自己無力扭轉局勢，則可能進入「行動抑制」的狀態，這不僅對心理健康造成影響，甚至可能引發生理疾病。

生物學家夏普提耶（Charpentier）進一步指出，人在極度焦慮時，身體會長時間處於高度戒備狀態，導致腎上腺素大量分泌，若持續如此，將對內臟器官產生損害，甚至誘發疾病，如胃潰瘍或某些癌症。因此，長期的心理壓力對健康極為不利，而信仰則可作為緩衝機制，幫助個體在壓力下保持穩定。

信仰的實踐與人生意義

在人生旅途中，每個人都需要一個信仰，不論其形式如何，關鍵在於它能夠幫助個人確立目標與志向，使人更專注於自身事業與理想，而不致於迷失方向。無論是在順境還是逆境，信仰能帶來內在的力量，使人從容應對生命的挑戰。因此，信仰不僅是一種心理寄託，更是一種面對人生考驗的智慧選擇。

學會傾訴，讓心靈輕盈前行

傾訴的重要性：釋放壓力，調節情緒

傾訴是一種人類的本能，是情感釋放的自然管道。然而，許多人因為種種原因選擇壓抑自己的情緒，不願向外界傾訴，長期累積下來的壓力，最終可能影響心理健康。就像水庫的水位過高需要適時洩洪，如果一直積累負能量，最終可能壓垮自己。

心理學研究顯示，適當的傾訴不僅能緩解焦慮與壓力，還能增強自我認同，提高情緒調節能力。高爾基曾說：「如果懷著愉快的心情談起悲傷的往事，悲傷就會煙消雲散。」可見，當我們用積極的心態面對自己的困境時，往往能夠轉化負面情緒，讓自己重新獲得力量。

勇敢表達，不再壓抑自己

許多人害怕傾訴，擔心表露自己的脆弱會被他人看輕。尤其是男性，由於社會文化對於「堅強」的刻板印象，往往選擇將所有情緒壓抑在心底。然而，這種長期的壓抑，最終可能導致更嚴重的心理問題，如焦慮、憂鬱，甚至影響身體健康。

以 2021 年奧運冠軍西蒙．拜爾斯（Simone Biles）為例，這位世界級體操選手在東京奧運期間，勇敢地承認自己因心理壓力過大，選擇退出部分比賽。她的坦承不僅幫助自己調整心態，也讓全球運動員意識到心理健康的重要性。她的行動證明了：表達自己的困難並不是懦弱，而是一種力量的展現。

如何有效地傾訴？

1. 找對傾訴對象

傾訴並不是向所有人訴說自己的困擾，而是選擇值得信任、能夠理解自己的人。例如：親密的朋友、家人，或是專業的心理諮詢師，都是合適的對象。反之，如果選錯對象，可能會讓問題更加複雜，甚至被誤解。

2. 掌握適當的場合

並非所有時間、地點都適合傾訴。例如：在工作場所大肆抱怨，可能會影響自己的職場形象；在社交場合過度談論個人問題，可能會讓他人感到負擔。因此，選擇合適的時間與環境，能讓傾訴發揮真正的效果。

3. 轉化心態，讓傾訴成為成長的動力

傾訴的目的，不只是發洩情緒，更重要的是幫助自己釐清問題，找到解決的方向。與其沉溺於負面情緒，不如將傾訴視為一種反思與自我成長的機會。

傾訴與傾聽：雙向交流的力量

傾訴不僅是發洩，更是一種雙向的交流。當我們向他人傾訴時，也應學會傾聽別人的想法與建議。良好的溝通，能夠增進人際關係，讓我們從不同的角度看待問題，甚至發現新的解決方法。

歷史上，有許多因傾訴而化解衝突的案例，例如藺相如與廉頗的「將相和」故事。藺相如透過部下向廉頗傳達自己的想法，讓廉頗意識到他的忍讓是為了國家安危，最終使廉頗愧悟並負荊

請罪。這樣的傾訴，不僅消除了彼此的誤解，也促進了團結，使趙國更加強盛。

勇敢傾訴，擁抱內心的平靜

傾訴是一種釋放，一種療癒，也是一種智慧。適當地表達情感，不僅能讓自己獲得釋放，也能讓身邊的人更理解我們。當我們學會傾訴，也就學會了如何以更健康的方式面對生活中的挑戰。

讓心靈自由，勇敢傾訴，你將發現，世界比你想像中更加溫暖。

善良的力量：讓世界更美好

善良的價值：內心的寧靜與幸福

一位哲學家曾問：「人生最重要的是什麼？」其中一位學生回答：「一顆善良的心！」這句話道出人生的真諦。善良並非空泛的理論，而是對自我與他人的溫暖承諾。擁有善心的人，能夠內心平靜，也能在社會中成為溫暖他人的力量。

善良如同陽光，讓寒冷的人間變得溫暖；善良如同燭火，為迷失的人指引方向。它不僅是一種美德，更是一種選擇——選擇在困難時幫助他人，選擇在衝突中保持寬容，選擇在充滿誘惑的世界裡堅守自己的原則。

善良的影響：讓世界變得更溫暖

善良不只是一種品德，更是一種影響力。一些企業領袖和慈善家用實際行動詮釋了善良的力量。

例如：2022 年，全球知名科技企業家麥肯錫．斯科特（MacKenzie Scott）——亞馬遜創辦人貝佐斯的前妻，選擇將她巨額財富的大部分捐出，專注於支持教育、社會公益與弱勢群體。她的捐款不附帶任何條件，讓無數公益組織得以自主運作，幫助更多需要幫助的人。她的行動展現了真正的善良不在於財富的多少，而在於願意無私奉獻。

另一個值得關注的案例，是 2023 年土耳其地震發生後，無數國際救援隊伍與志工迅速行動，提供物資、醫療援助，甚至捐贈款項來協助災區重建。這場全球性的愛心行動，證明了善良並無國界，當世界面臨困難，人們仍願意伸出援手。

善良的選擇：在現實中堅守本心

有些人認為，善良與現實相悖，在競爭激烈的世界裡，太過善良可能會讓人吃虧。然而，真正的善良不是盲目的退讓，而是在堅持自我的同時，仍願意關心他人、行善積德。

1. 善良不等於軟弱，而是一種力量

許多偉大的人物都曾經歷困難，但他們仍選擇善待世界。例如：南非前總統曼德拉曾經被囚禁 27 年，但當他獲釋後，仍選擇寬恕對手，推動國家和解。他的善良讓南非避免了內戰，開創了新的未來。

2. 善良是一種選擇，無論貧富

無論身處何種境遇，一顆善良的心都是無價之寶。即使我們無法捐出鉅款，也可以用行動傳遞溫暖，例如幫助有需要的朋友、對家人多一分耐心、在公共場所主動讓座。這些微小的善舉，往往能夠帶來意想不到的影響。

3. 善良讓我們擁有真正的快樂

心理學研究表明，行善能夠讓人獲得更持久的快樂。這是因為當我們幫助別人時，大腦會釋放「快樂荷爾蒙」，讓我們感受到滿足與幸福。因此，善良不僅是對他人的幫助，更是對自己的滋養。

讓善良成為一種習慣

在這個充滿挑戰的世界裡，善良是一道光，照亮我們自己，也溫暖他人。無論我們身處何地、擁有多少資源，善良都是一種選擇 —— 選擇用微笑化解矛盾，選擇在困難時扶持他人，選擇讓世界因自己而變得更美好。

讓我們擁有一顆善良的心，並用行動將這份善意傳遞出去。因為，世界的改變，往往始於一顆善良的心。

淡泊之心，輕鬆前行

看淡一切，才能自在生活

俄國作家托爾斯泰曾說：「一個人就好像是一個分數，他的實際才能好比分子，而他對自己的估價好比分母，分母越大則分數的值就越小。」這句話深刻地揭示了人生的一個重要哲理——不要把自己看得太重，否則只會讓自己活得更累。

生活中，我們往往習慣於放大自我，認為自己的成就非凡，認為自己的貢獻獨一無二，甚至渴望得到更多的關注和認可。然而，當期待與現實不符時，便會產生心理失衡，進而影響心境與人際關係。真正的智慧，是懂得看淡，擁有一顆謙遜的心，才能讓自己走得更遠。

適時看輕自己，是一種智慧

很多時候，把自己看得太重，反而會陷入盲目自信，甚至停滯不前。這種心態容易讓人變得固執己見、好勝心強、不易接受批評，甚至容易因一點挫折而心生怨懟。相反，看輕自己，才能在成就與挫折中找到平衡，在榮耀與失敗中保持淡然。

許多領袖級人物選擇「退一步」，反而獲得更大的成功。例如：2022 年，微軟創辦人比爾蓋茲（Bill Gates）宣布將自己從比爾及梅琳達．蓋茲基金會的核心決策圈中退出，將更多決策權交給專業管理團隊。這樣的選擇並非因為他不再重要，而是因為他明白，一個機構的發展，不應該過度依賴某一個人，而是應該仰賴一整個團隊的努力。這種放下自我的智慧，讓他的基金會能夠更長遠地運作，也展現了真正的領導力。

這告訴我們：真正的成就，不在於我們是否站在最高處，而在於我們是否能適時退後，讓更廣闊的世界運行得更順暢。

如何培養淡泊心態？

1. 不要過度在意他人的評價

當我們過於重視自己的地位和他人對自己的看法時，就容易變得患得患失，無法放開心胸。事實上，這個世界並不會因我們的存在而停止運行，當我們學會放下對自我的執念時，內心反而會變得更輕盈自在。

2. 以謙卑的態度學習，保持開放的心態

真正有智慧的人，往往願意承認自己的不足，並且虛心學習。無論是事業成功還是個人成長，懂得「看輕自己」，才能不

斷進步。世界上沒有永遠的第一，只有不斷學習的人，才能適應變化，走得更遠。

3. 用平常心看待得失，不執著於過去或未來

生活中，成功與失敗都是常態，真正的幸福來自於當下的心態。當我們過於追逐成就，或過度懊悔過去時，就會讓自己陷入無謂的壓力之中。學會以平常心看待得失，才能在變動的世界中保持內心的寧靜。

淡泊以明志，寧靜以致遠

人生的高度，不在於你站得有多高，而在於你是否能放下對自己的執著，擁抱更寬廣的世界。

當我們學會淡泊，就能放下不必要的壓力，讓內心得到真正的自由。記住，不要將自己看得太重，當你學會放下，世界將為你開闢更寬廣的道路。

名利皆浮雲，淡泊得自在

名利的虛幻本質

俗話說：「天下熙熙皆為利來，天下攘攘皆為利往。」世間無數人為了名與利，無所不用其極，甚至為此犧牲了健康、友情、家庭，甚至生命。然而，當塵埃落定，他們是否真的獲得了幸福？

名利，只是人生旅途中短暫的幻影，終究無法永恆。不論曾經多麼風光，生命的終點都將一視同仁。歷史上的帝王將相、商界巨擘，最終都無法帶走一絲財富與榮耀。名利，是身外之物，唯有看淡，才能獲得真正的內心平靜。

過度追逐名利，反而失去快樂

許多企業家與名人選擇「放下」，讓自己活得更輕鬆。例如：2022 年，億萬富翁派翠克．科林森（Patrick Collison）—— Stripe 的創辦人之一，選擇逐漸減少個人曝光，專注於內部管理，而不是沉迷於名聲。他認為：「名聲是負擔，而不是成就的代表。」這樣的態度，讓他能夠專心於真正有價值的事情，而不被外界的目光綁架。

名利越多，壓力就越大。成名之後，無數雙眼睛盯著你的行為，每一步都需要謹慎，生怕犯錯。一旦身陷名利場，就會發現，它不僅是個光鮮亮麗的舞臺，更是一個消耗心力的深淵。

知足常樂，方能得自在

1. 名利是工具，不是人生目的

金錢與名聲，只是生活的輔助工具，卻不是幸福的核心。一個人如果把全部精力投入名利場，很可能忽視了真正重要的東西 —— 家人、健康、內心的滿足感。

2. 放下執念，才能輕鬆前行

一位富翁四處尋找快樂，卻始終找不到，直到他遇到一位樵夫。樵夫笑著說：「快樂還需要尋找嗎？放下沉重的負擔，快樂自然就來了。」這段故事告訴我們，真正的快樂來自內心，而非外在的累積。

3. 真正的成功，是內心的安寧

知足者常樂，不為外物所困，才能在生活中找到真正的幸福。當我們不再過度追求名利，而是專注於自身成長、珍惜當下，內心將變得更為豁達與平靜。

人生無需名利束縛

名利就像浮雲，來去無常，唯有淡泊，才能獲得真正的自在。當我們學會放下對名利的執著，才能發現生活的真正價值 —— 健康、親情、友情，以及內心的平靜。人生短暫，與其背負名利的重擔，不如輕裝前行，活出真正的自我。

控制欲望，活得自在

欲望的雙面性

欲望是人與生俱來的本能，它驅動我們去滿足基本需求，如飢餓時想吃飯、睏了想睡覺、口渴時想喝水。然而，當欲望超出理性的範圍，就可能淪為危險的深淵。無數歷史與現代的案例都證明了，未受節制的欲望，不僅可能毀滅個人，也可能導致家庭破裂，甚至影響整個社會。

近幾年，全球對於「欲望管理」的討論變得更為熱烈。企業界的成功人士開始反思物質主義的陷阱，推動「極簡主義」與「知足常樂」的價值觀。例如：2022年，Snapchat創辦人伊萬·斯皮格（Evan Spiegel）選擇將大部分財富捐出，並過著相對簡單的生活。他認為：「物質的累積不等於真正的成功，反而可能讓人失去生活的純粹與快樂。」

如何掌控欲望，不被其奴役？

節制欲望，知足常樂

欲望本身並非罪惡，但無節制的欲望，卻能讓人墮入無底深淵。例如：過度追求金錢、名聲、地位的人，往往活得焦慮不安。學會適可而止，才能在有限的資源中找到滿足與幸福。

區分良善與邪惡的欲望

有些欲望是積極的，例如：學習新知、追求夢想、為家庭努力奮鬥。但也有些欲望是負面的，如貪婪、權力欲、過度沉迷享樂。面對各種欲望時，學會篩選，避免被錯誤的欲望牽著走。

學會克制，即時行動

人生中的許多困境，往往來自於無法控制的欲望。例如：一個人如果無法節制購物的欲望，可能會陷入債務危機；如果無法控制情緒的欲望，可能會影響人際關係。因此，要時刻提醒自己：是自己掌控欲望，而不是讓欲望掌控自己。

放下不必要的執念

當我們不再執著於過多的欲望，內心反而能夠獲得真正的自由與寧靜。許多修行者與哲學家都提倡「極簡生活」，因為這樣能夠減少不必要的煩惱，讓自己活得更輕盈。

淡泊名利，活得自在

人來時兩手空空，走時亦兩手空空，無論擁有多少，最終都帶不走。當我們學會控制欲望，就能真正活出自己的節奏，不被外在的誘惑牽制，享受生活中真正的快樂與滿足。願我們都能做到 —— 不被物欲所惑，讓心靈保持純粹與自由！

放鬆身心，享受當下

停下腳步，給自己一個喘息的機會

現代社會節奏快速，每個人都忙於工作、家庭與人際關係，往往忽略了最基本的需求 —— 放鬆與享受當下。放鬆不只是生理上的休息，更是心理與精神的調適。當我們能夠適時放慢腳步，學會與自己對話，就能更清晰地看見生活的美好，感受真正的快樂。

全球疫情改變了人們的生活方式，許多人開始反思「什麼才是真正的幸福？」從過去追求效率與成就，逐漸轉向關注身心健康、平衡生活。像是知名企業家傑夫．貝佐斯（Jeff Bezos）便在卸任亞馬遜執行長後，選擇花更多時間在家人與個人興趣上，強調「真正的財富，是有選擇如何度過時間的自由」。

如何學會真正的放鬆？

接受世界的不完美，學會順其自然

我們無法控制所有事情，但我們可以選擇如何面對它。放

鬆的第一步，就是放下對完美的執著，學會接受「不完美」才是世界的常態。給自己一些喘息的空間，不必事事要求極致，適時調整步伐，讓自己活得輕鬆自在。

找到自己的放鬆方式

每個人放鬆的方法不同，有些人喜歡閱讀，有些人透過運動釋放壓力。重要的是找到最適合自己的方式，例如：

- **冥想或深呼吸**：幫助大腦冷靜，減少焦慮。
- **運動**：透過流汗促進身體釋放快樂荷爾蒙。
- **旅行或親近大自然**：離開熟悉的環境，讓自己沉浸在新鮮的體驗中。

專注當下，不過度憂慮未來

未來充滿變數，過度擔心只會增加壓力，而忽略了當下的美好。學會把注意力放在現在，感受當下正在發生的事。例如：吃飯時專心品味食物的美味、與家人相處時專心傾聽，不讓焦慮搶走本該擁有的快樂時光。

學習簡單的生活哲學

快樂來自簡單的滿足，而非無止境的追求。許多極簡主義者提倡「減法生活」，減少不必要的物質與精神負擔，把時間與精力投入真正重要的事情上，如家人、健康、興趣與內在成長。

享受擁有的，忘記逝去的

人生不是一場競賽，而是一場旅程。學會放鬆，不僅能讓自己活得更輕鬆，也能幫助我們找到真正的幸福。無論生活如何忙碌，都應該適時停下來，調整步伐，感受當下的美好。因為，真正的快樂，不在未來，而是在我們願意珍惜當下的每一刻！

做自己喜歡的事，享受真正的自由

自由與幸福的關鍵：找到熱愛的事物

人生的真正幸福來自於自由，而自由不只是物質上的選擇權，更是一種心靈的滿足。能夠做自己喜歡的事情，並從中獲得快樂，這才是真正的自由。2020 年後，全球的工作型態發生劇變，遠距工作、自主創業、數位游牧的概念逐漸成為主流，人們開始反思：我們的時間應該如何分配？生活的真正價值是什麼？

將興趣變成生活的一部分

有人說：「如果你熱愛你的工作，那麼你一輩子都不會覺得自己在上班。」這句話道出了幸福的關鍵。許多成功人士都將興趣與事業結合，例如：

- 比爾蓋茲（Bill Gates）退休後專注於慈善事業，將科技與社會影響力結合，持續推動全球教育與公共衛生的發展。
- 瑪麗·康道（Marie Kondo）透過整理術改變了世界，將「怦然心動」的概念發展成一種生活哲學，讓無數人學會簡約而幸福的生活方式。

這些例子告訴我們，將熱愛的事物融入日常，即使是簡單的小事，也能帶來無限的快樂與滿足感。

休閒與工作並存，找到平衡點

有些人過於埋頭工作，忘記了生活的樂趣；有些人則過於沉迷享樂，忽略了自身的成長。理想的狀態是找到「工作與休閒」的平衡，讓生活充滿動力與熱情。

- 工作時專注投入，讓成就感成為動力來源。
- 休閒時真正放鬆，讓心靈得到滋養與重生。
- 找到適合自己的節奏，不過度消耗身心能量。

做自己熱愛的事，不為名利所困

現代社會強調「成功」與「效率」，但真正的快樂來自於內在滿足，而不是外在的評價。越來越多人選擇簡單生活（Minimalism)，放棄不必要的物質追求，專注於精神層面的豐富與成長。例如：一些企業家選擇提早退休，專注於家人、旅行與興趣，不再被無止境的競爭束縛。

最終，真正的自由來自於「選擇權」—— 你是否能選擇自己想過的生活？

擁抱熱愛，享受人生

不論是工作、休閒，還是人生的每個選擇，真正的幸福來自於熱愛。當我們找到自己真正喜歡的事物，並願意為之努力，那麼無論是賺錢還是玩樂，都將充滿意義。

所以，勇敢做自己喜歡的事，找到屬於自己的快樂方式，讓人生成為一場真正值得享受的旅程！

讓工作成為快樂的源泉，而非沉重的負擔

找到工作的意義，讓心態決定一切

許多人在職場中感受到壓力、疲憊，甚至厭倦，但其實，工作的意義不僅僅是生存，更是個人成長與價值實現的舞臺。心態決定狀態，態度影響結果，如果我們能夠轉變對工作的看法，找到其中的樂趣與挑戰，那麼即便是最單調的工作，也能

成為人生的一部分，而不是沉重的負擔。

許多成功人士都強調心態的重要性：

- 特斯拉與 SpaceX 創辦人伊隆・馬斯克（Elon Musk）曾說：「如果你熱愛你所做的事情，你就不會覺得自己在工作。」他每天工作超過 80 小時，但因為他熱愛科技創新，所以不覺得疲憊。
- 疫情後，許多企業開始推行遠距工作與彈性工時，許多人發現，當工作能夠適應個人生活節奏時，效率反而更高，壓力更小，甚至開始享受工作的樂趣。

當我們學會從工作中找到滿足感與價值，工作就不再是負擔，而是一種成就。

培養工作的熱情，讓自己樂在其中

有一則著名的寓言故事：三個工人在砌磚，有人問他們：「你們在做什麼？」

- 第一個人不耐煩地回答：「砌牆。」
- 第二個人微笑著說：「我們在建造一棟大樓。」
- 第三個人興奮地說：「我們正在創造一個偉大的城市！」

十年後，第一個人仍然在砌磚，第二個人變成了工程師，而第三個人則成了建築公司的老闆。這個故事說明，同樣的工作，因為心態不同，帶來的結果也截然不同。

如何培養對工作的熱情？

- **找到工作的價值** —— 無論從事哪一種工作，都能影響他人，創造價值，試著發掘其中的意義。
- **設立小目標** —— 每天設定一個挑戰，完成後給自己一些獎勵，讓工作變得更有趣。
- **與同事建立良好關係** —— 良好的人際關係能讓工作環境變得更輕鬆，合作時也更有動力。

讓工作與生活平衡，避免過度疲勞

許多上班族的壓力來自於「過度投入」，但過度投入並不等於高效率。疫情後，越來越多企業與專家提倡「健康職場文化」，鼓勵員工保持工作與生活的平衡，因為長期過度工作只會帶來身心疲憊，反而影響效率與表現。

如何讓工作與生活達到平衡？

- **學會時間管理** —— 設定合理的工作時間，不讓工作無限延伸到私人時間。
- **學會適時放鬆** —— 利用冥想、運動或興趣來舒緩壓力，讓身心獲得調整。

- **建立界線** —— 避免下班後仍然被工作占據時間，適時關閉工作通知，讓自己真正休息。

選擇快樂，讓工作成為生活的一部分

工作不應該是一種痛苦，而是人生中重要的一部分。我們可以選擇如何面對它、如何從中獲得滿足感，讓自己不僅僅是為了薪水而工作，而是為了實現個人價值與成就感而努力。

當我們學會以正面的態度面對工作，將其視為成長與挑戰的機會，那麼每一天都能過得更充實、更有意義。

人生難得糊塗，智慧在於適時放下

大事要上心，小事別較真

人生在世，總會遇到各種人和事，有些需要我們全力以赴，有些則不值得浪費精力。真正聰明的人，懂得如何選擇性地「糊塗」，該較真的事情絕不馬虎，該放下的事情就學會一笑置之。

著名心理學家丹尼爾．康納曼（Daniel Kahneman）在他的研究中指出，人的思考資源是有限的，過度糾結小事，會讓人失去對重要事情的判斷能力。

許多成功人士之所以能夠保持冷靜、理智，並非因為他們天生就有過人的智慧，而是因為他們學會了專注於大事，忽略小事。

如何做到「大事清醒，小事糊塗」？

- **關注長遠利益，而非眼前的得失** —— 與人相處時，適時讓步能夠換來長久的合作與友誼。
- **避免陷入無謂的爭執** —— 在生活與職場中，很多爭論其實沒有任何實質性的意義，與其糾結，不如學會微笑帶過。

◆ **對於不影響大局的錯誤，選擇包容** —— 沒有人是完美的，學會原諒別人的小失誤，反而能夠讓彼此關係更和諧。

不計較，人生才能更輕鬆

許多人活得累，並不是因為生活真的那麼艱難，而是因為他們太過於計較每一件事，斤斤計較的人，往往讓自己陷入無謂的內耗之中。

疫情之後，全球掀起「極簡生活」的風潮，許多人開始減少不必要的物質追求，專注於真正重要的事物，這不僅適用於物質，也適用於心態。

過度計較會讓人錯失機會 —— 日本管理大師大前研一曾說：「成功的關鍵在於適時讓步，懂得取捨。」當我們一直執著於細節，往往會忽略更大的機會。

如何學會不計較？

◆ **選擇性忽略小瑕疵** —— 學會讓自己視野更開闊，不要把眼光只放在別人的小缺點上。

◆ **適時放過自己** —— 不要因為一點點失誤就過度自責，學會從錯誤中成長，而不是沉溺其中。

◆ **學會感恩，珍惜當下** —— 計較太多的人，往往看不到自己已經擁有的美好，而總是在追逐自己還沒有的東西。

懂得換位思考，與人相處更和諧

很多時候，我們之所以會對別人的錯誤感到不滿，往往是因為我們站在自己的角度去評斷，而沒有考慮對方的處境。

企業管理中，成功的領導者懂得包容與理解——在矽谷的科技公司中，許多創新的管理方式強調「心理安全感」，讓員工在沒有壓力的情況下發揮創意，而不是害怕犯錯。

在家庭關係中，適時的包容比爭執更有力量——心理學家約翰·戈特曼（John Gottman）研究發現，長久幸福的婚姻，並非沒有爭執，而是雙方都懂得在適當的時候選擇原諒與退讓。

如何養成換位思考的習慣？

- **站在對方的角度思考問題**——當對方犯錯時，試著問問自己：「如果我是他，我會怎麼做？」
- **多聆聽，少評價**——有時候，人們只是需要被理解，而不是被批評。
- **學會給予善意的回應**——即使對方真的錯了，也可以選擇用溫和的方式指出，而不是直接批評。

學會適時糊塗，才能活得自在

真正的智慧，不是事事計較，而是懂得取捨，該爭取的時候努力爭取，該放下的時候就學會釋懷。

人生就像一場長跑，過度糾結於途中每一個小石頭，只會讓自己更疲憊。適時選擇糊塗，不僅能讓自己過得輕鬆，也能讓身邊的人感到舒服，這樣的日子才會真正快樂。

人生要學會「藏智」——智慧的糊塗，淡然的睿智

真正的聰明，是懂得適時藏拙

人生在世，並非每一件事都需要清楚表態、分毫不差地計較。有時候，適當的「藏智」，才是真正的智慧。這不僅是人際關係中的藝術，也是一種人生的高度。

心理學家麥爾坎・葛拉威爾（Malcolm Gladwell）在《異數》（*Outliers*）一書中提到，成功者往往擁有「社交智慧」，即在不同情境下懂得調整自己的表現，適時示弱，避免不必要的對抗。

為何「藏智」反而更有力量？

- **減少不必要的衝突** —— 在人際交往中，過於鋒芒畢露容易樹敵，反而不利於長遠發展。
- **給他人臺階，自己才有退路** —— 適時讓別人保持顏面，往往能讓事情更圓滿。
- **真正聰明的人，從不急於表現** —— 有時候，「大智若愚」能讓人更輕鬆地駕馭複雜的人際關係。

人生的最高境界，是「難得糊塗」

「難得糊塗」這句話，並不是要我們真的裝糊塗，而是一種高深的處世智慧。真正的「糊塗」，是一種有意識的選擇，是在知道所有真相的情況下，仍然選擇不計較。

如何運用「難得糊塗」？

- **面對他人的嫉妒與非議，選擇不爭辯** —— 你的價值，不需要向不懂你的人證明。
- **在職場中，不與主管正面衝突** —— 適時「裝傻」，能讓事情更順利推進。
- **在家庭關係中，適當容忍，避免無謂爭執** —— 比起爭個輸贏，家庭的和諧才更重要。

藏智不等於懦弱，而是一種修養

在歷史上，許多真正的強者，都懂得在適當的時機「藏智」，為自己積蓄力量。

疫情之後，許多企業管理趨勢強調「領導者的謙遜」，真正優秀的領導者，不是靠鋒芒畢露，而是懂得讓團隊成員發揮所長，自己則適時退居幕後。

心理學家亞當．格蘭特（Adam Grant）提出「謙遜領導力」的概念，指出過於炫耀自己的能力，反而容易引起他人的防備，影響合作關係。

如何培養「藏智」的能力？

- **不輕易展示自己的全部實力**——聰明的人，會選擇適當的時機展現自己，而不是逢人就炫耀。
- **學會觀察人心，讀懂場合**——在不同的環境中，學會調整自己的表現，才能讓人際關係更順暢。
- **懂得「讓一步，退一步」，反而能獲得更多**——很多時候，真正的掌控力來自於「放手」，而不是「控制」。

真正的智慧，是「外圓內方」

人生並非處處都要據理力爭，適時的藏智，反而能讓你在人際關係中遊刃有餘，讓生活更加順遂。

「難得糊塗」並非懦弱，而是：

讓自己少點計較，多點寬容；

讓人際關係更加圓潤，不再劍拔弩張；

讓自己專注於真正重要的事情，而非糾結於細節。

藏智於心，靜待時機，這才是人生真正的高明之道。

耍小聰明，誤大事：真正的智慧在於謙遜與穩重

小聰明與大智慧的區別

「聰明」是人類的天賦，但真正的智慧並不僅僅來自機智反應，而是能夠看清大局、審時度勢、懂得進退。耍小聰明，往往是短視近利，容易忽略長遠後果；而擁有大智慧的人，則懂得適時藏拙，穩步前行。

小聰明的特徵：

- **只看眼前利益，不考慮長遠影響** —— 小聰明的人容易為了短暫的得失而誤判形勢，甚至破壞自己的信譽。
- **愛炫耀，喜歡展現自己的聰明才智** —— 有些人習慣在公開場合凸顯自己，卻忽略了適當的謙遜更能贏得尊重。

- **過於自信，缺乏謀略與格局** —— 耍小聰明者容易低估他人的智慧，最終可能反被算計。

大智慧的特徵：

- **懂得忍讓與退步** —— 真正有智慧的人，深知「退一步，海闊天空」，不會輕易與人爭高下。
- **低調做人，深藏不露** —— 成功者往往不會刻意誇耀自己的能力，而是默默積累實力，讓結果說話。
- **懂得審時度勢，靜觀其變** —— 大智慧的人會冷靜分析形勢，不輕舉妄動，懂得如何在適當的時機發揮自己的優勢。

為什麼職場上小聰明容易誤事？

在職場上，有些人試圖用小聰明來走捷徑，卻往往適得其反。例如：有些員工過於機敏，試圖透過取巧來獲得短期利益，結果反而因為誠信問題而失去主管的信任。

企業界的經典案例：

矽谷的「誠信危機」：近年來，一些科技新創公司因為高層試圖「耍小聰明」來誇大財報，最終被揭發造假，導致公司聲譽掃地。例如：美國「血液檢測新創公司」Theranos 的創辦人伊莉莎白．霍姆斯（Elizabeth Holmes）就是典型例子。她試圖以誇大的技術宣傳來吸引投資，結果被證實造假，導致公司崩盤，自己也面臨法律責任。

社交平臺上的「虛假數據」：有些網紅或企業在社群媒體上透過購買假粉絲、刷讚數來提高人氣，但隨著平臺演算法的改進，這些虛假數據被清除，最終失去品牌信譽，甚至影響業務。

職場上的投機取巧：近年來，許多企業開始使用 AI 分析員工績效，一些員工試圖「耍小聰明」，透過操控工作數據來獲得更好的績效評價，最終被公司察覺並遭到解僱。這些案例證明，誠信和專業才是長久發展的關鍵，小聰明或許能一時帶來好處，但終究會被揭穿。

真正的智慧：低調積累，穩健前行

如何避免「小聰明誤大事」？

- **誠信為本，建立長遠的信譽** —— 無論是職場、創業或人際關係，誠信比短暫的機巧更有價值。
- **不要過於炫耀自己的才華** —— 低調做人，讓實力和成果來證明自己，而非刻意展現自己的機智。
- **專注於真正的價值，而非短期利益** —— 懂得從大局思考，不被眼前的小利所迷惑，才能獲得更長遠的成功。

真正的聰明，是懂得藏拙

「聰明反被聰明誤」的故事不勝枚舉，而歷史與現實皆證明，真正的成功來自於穩健的智慧，而非耍小聰明的投機取巧。

與其耍小聰明，不如培養大智慧，因為——

- 短暫的機巧，可能換來長久的失敗；
- 真正的智慧，來自於謙遜與長遠規劃；
- 低調的積累，終將換來實至名歸的成功！

寬恕他人，快樂自己：原諒是一種力量

寬恕的真義

原諒並不意味著忘記，而是選擇放下仇恨，讓自己得到心靈的自由。人非聖賢，孰能無過？我們每個人都會犯錯，也都渴望被理解與寬恕。因此，當我們選擇原諒別人，其實也是給自己一個輕鬆的機會，從過去的傷害中解脫出來。

寬恕的幾個關鍵觀念：

- **原諒不是軟弱，而是內心強大的表現** —— 真正強大的人，懂得放下仇恨，不讓憤怒與怨懟控制自己的生活。
- **寬恕不是遺忘，而是選擇不再被傷害影響** —— 原諒不代表否認曾經受過的傷害，而是學會從痛苦中學習，讓自己成長。
- **選擇寬恕，是為自己找一條解脫之路** —— 憎恨如同枷鎖，困住的不只是對方，更是自己。放下仇恨，才能獲得真正的快樂。

為什麼寬恕對於職場與生活至關重要？

企業界的經典案例：

◆ **Netflix 前高管的復仇與寬恕**

2021 年，Netflix 一名前高層因理念不合遭解僱，他原本打算對公司進行報復，甚至考慮將內部機密洩露給競爭對手。但在一次深度反思後，他選擇釋懷，並創辦了一家創新媒體公司，結果獲得更大的成功。他後來公開表示：「當我選擇寬恕 Netflix 時，我發現，我真正放下的，不是對 Netflix 的仇恨，而是自己內心的枷鎖。」

◆ **奧斯卡頒獎典禮的「耳光事件」**

2022 年，威爾．史密斯（Will Smith）因不滿克里斯．洛克（Chris Rock）的玩笑，在奧斯卡頒獎典禮上怒搧他一巴掌。這一事件引發全球熱議，威爾．史密斯雖然短暫地發洩了情緒，但卻為此付出了慘痛的代價，包括影響其職業生涯與公眾形象。事後，克里斯．洛克選擇幽默面對，沒有進一步回應挑釁，反而用笑話來化解尷尬，展現了一種更高的格局與智慧。

這些案例顯示，寬恕不只是情感上的釋懷，更是一種策略性的選擇，能讓人走向更光明的未來。

真正的強者，懂得以寬恕化解仇恨

如何學會真正的寬恕？

- **學會站在對方的角度思考** —— 當我們了解對方的背景與處境，會發現很多事情並非惡意，而是誤解與衝動的結果。
- **學會轉念，將負面經驗轉化為成長的動力** —— 選擇寬恕，並不意味著接受不公，而是讓自己有機會重新出發。
- **用行動證明自己，而不是用憤怒回擊** —— 很多時候，最大的報復不是仇恨，而是讓自己過得更好，證明自己可以不被傷害影響。

寬恕是一種智慧，一種選擇

原諒他人，不只是為了讓對方好過，更是讓自己擁有更大的自由。

真正的強者，懂得放下仇恨，因為 ——

- **仇恨會消耗你的能量，而寬恕能讓你重獲力量；**
- **寬恕不是對別人的恩賜，而是給自己的禮物；**
- **選擇寬恕，才能擁有真正的快樂與自由！**

不讓別人的錯誤影響自己的人生

生氣是對自己最大的懲罰

德國哲學家康德曾說：「生氣是拿別人的錯誤來懲罰自己。」這句話揭示了一個簡單卻極具深意的道理：我們經常因為別人的言行感到憤怒，卻沒有意識到，這份怒氣只會傷害自己，卻無法改變對方。

為什麼我們容易被別人的錯誤影響？

對他人行為的期待過高 —— 當別人做出與我們期望不符的行為時，我們會感到失望、憤怒，甚至覺得被冒犯。

過度在意他人的評價 —— 許多人因為別人的一句話、一個眼神就耿耿於懷，甚至影響自己一整天的情緒。

無法接受不完美的現實 —— 我們常希望世界公平，但現實往往不如人願，這種落差會讓我們感到不滿。

然而，生氣並不能解決問題，反而會讓自己身心俱疲。學會掌控情緒，才能真正做到「不拿別人的錯誤懲罰自己」。

如何應對負面情緒？

職場中的「情緒智慧」：領導風格與組織穩定性

2024 年，某家新創科技公司的內部管理出現嚴重裂痕。董事長長期對技術長的決策感到不滿，認為產品研發進度過慢，導致公司未能在市場上取得預期成果。隨著業績壓力上升，董事長在內部會議中多次公開斥責科技長，甚至拍桌怒罵，要求團隊加快進度。然而，這種高壓管理方式不僅讓科技長承受巨大心理壓力，也導致團隊士氣低落，內部溝通日益緊張。

在一次關鍵決策會議上，衝突達到頂點。董事長當場與技術長發生激烈爭執，董事長情緒失控，最後事件演變成無法挽回的局面。這起事件讓公司內部陷入動盪，不僅影響了投資人信心，也導致團隊核心成員陸續離職，公司大好前途也陷入長期低迷。

相較之下，另一家知名科技公司則展現了不同的管理方式。該公司 CEO 在面對內部決策分歧時，選擇透過開放對話與團隊溝通，並強調「尊重與理解」的重要性。他鼓勵員工提出不同觀點，並透過耐心協調找到最佳解決方案。在這樣的文化下，公司內部決策更具彈性，團隊凝聚力強，最終在激烈的市場競爭中穩步成長。

這兩個案例反映出「情緒智慧」在領導管理中的重要性。能夠控制情緒、以同理心溝通的領導者，不僅能夠穩定團隊，還能帶動企業的長期發展，而缺乏情緒管理的高層，則可能讓企業陷入危機，甚至導致不可挽回的後果。

情感關係中的「理智選擇」

2023 年，一對結婚十年的夫妻因為一方的不忠而面臨分手危機。受害方一開始極度憤怒，不僅與對方激烈爭吵，甚至影響了自己的健康。然而，她在朋友的建議下選擇「冷靜思考」，最終決定理性離開這段關係，並專注於自我成長，結果她的生活比過去更充實、更快樂。

這些案例告訴我們，當我們選擇理性而非衝動時，我們不僅能減少不必要的痛苦，還能讓自己變得更強大。

如何停止因他人的錯誤懲罰自己？

1. 掌控自己的情緒

在遇到讓人生氣的事情時，先深呼吸 10 秒，讓自己冷靜下來，避免衝動反應。

記住：「情緒是短暫的，影響是長遠的。」控制好情緒，才能掌控人生。

2. 轉移注意力

運動 —— 跑步、健身、瑜伽都能幫助釋放負面情緒。

音樂療癒 —— 播放一首讓你放鬆的歌曲，有助於情緒調節。

專注於興趣愛好 —— 當你專注於畫畫、寫作、閱讀等愛好時，負面情緒會逐漸淡去。

3. 培養「大局觀」

記住：「五年後，這件事還重要嗎？」如果答案是否定的，那麼當下的憤怒並沒有價值。

學會換位思考，理解別人的立場，會讓我們更容易放下無謂的爭執。

4. 學習幽默感

在許多情況下，幽默是化解衝突的最佳方式。希拉蕊．柯林頓（Hillary Clinton）在面對外界的質疑時，曾以「鞋子蛋糕」回應批評，展現了極高的情商與風度。

當有人激怒你時，試著用幽默的方式回應，不僅能讓氣氛緩和，還能顯示你的智慧與修養。

放過別人，也是放過自己

生氣與執著於別人的錯誤，只會讓自己陷入負面情緒的循環，而選擇寬容與釋懷，才能讓心靈獲得真正的自由。

記住這三點：

- **你無法控制別人，但你可以控制自己的情緒。**
- **生氣不能解決問題，反而會讓你失去更多。**
- **放過別人，就是放過自己，讓自己擁有更快樂的人生。**

從今天開始，學會釋懷，不再因為他人的錯誤而懲罰自己，讓自己活得更加輕鬆自在！

學會包容，讓人生更寬廣

寬容是一種智慧

人生在世，難免會遭遇別人的傷害或誤解，甚至來自最親近的家人、朋友、同事。然而，選擇計較還是原諒，往往決定了我們的心境與人生方向。過度糾結於別人的錯誤，只會讓自己陷入負面情緒的泥淖，影響自身的快樂與成長。真正的強者，不是無懈可擊的人，而是懂得如何轉念、放下的人。

職場與人際關係中的包容

在 2021 年，一家國際知名科技公司爆發內部衝突，一名年輕主管因為員工的一次錯誤決策，當眾嚴厲批評，導致員工情緒低落，甚至產生離職念頭。當這位主管回顧自己當時的反應，發現自己過於情緒化，於是選擇與該員工進行深入對話，理解對方的困難，並給予第二次機會。結果，該員工後來在公司表現優異，成為團隊的核心成員。

這個案例告訴我們，得理不饒人的領導方式可能會摧毀團隊的信任與凝聚力，而寬容與理解則能激發員工的潛力與忠誠度。無論是職場還是人際關係，學會包容別人的過錯，不僅能減少衝突，還能讓彼此的關係更加穩固。

為什麼「得理不饒人」會讓自己受傷？

過度計較影響心情

計較過去的傷害，就像在心中種下一顆怨恨的種子，最終讓自己活在不斷的痛苦回憶中。

心理學研究顯示，長期沉浸在負面情緒中的人，容易產生焦慮、壓力，甚至影響身體健康。

破壞人際關係

在與人交往的過程中，若總是強調自己的「對」，忽略對方的感受，久而久之，人際關係就會變得緊張。

朋友、同事、家人之間，適時地包容與體諒，才能維持和諧的關係。

失去成長的機會

每個人都有犯錯的時候，如果我們希望別人能包容我們的錯誤，那麼我們也應該給予他人同樣的機會。

包容是一種智慧，也是一種人生的修練，能讓我們學習用不同的角度看待世界。

如何學會包容，擁有更自在的人生？

1. 放下怨恨，選擇寬恕

當我們選擇原諒時，並不是在縱容別人的錯誤，而是給自己一個放下的機會。

不讓過去的錯誤影響自己的情緒與未來，才能真正獲得自由。

2. 學會換位思考

想像自己站在對方的角度，理解對方當時的想法與處境，會發現很多時候，他們並非故意傷害我們。

例如：家人或朋友的某些言語可能是無心之失，若我們能體諒對方的情緒，便能減少不必要的爭執。

3. 學習高情商的應對方式

在人際互動中，遇到讓自己不滿的情況時，不急於發作，而是學習用更有智慧的方式回應，例如幽默化解或以柔克剛。

4. 記住「退一步海闊天空」

有時候，一句「算了吧」或「沒關係」，就能讓我們的生活少很多不必要的煩惱。

《易經》中提到：「大智若愚」，真正有智慧的人，懂得在適當時候退一步，反而能走得更遠。

學會寬容，讓人生更輕鬆

在這個世界上，沒有人是完美的，沒有人能避免犯錯。我們可以選擇緊抓著別人的錯誤不放，讓自己活在憤怒與不滿中；也可以選擇放下，學會原諒，讓自己的心靈得到真正的釋放。

記住：

- **寬容不是軟弱，而是一種智慧。**
- **得理也要饒人，才能獲得真正的快樂與自在。**
- **寬恕別人，就是解放自己，讓自己的人生更輕鬆、快樂。**

從今天開始，試著放下怨恨，學會原諒，讓自己的世界充滿更多的溫暖與愛！

堅持 —— 通往成功的關鍵

成功的祕訣：堅持與信念

在追求成功的道路上，堅持往往是最具決定性的因素。許多人擁有夢想，但能夠真正實現夢想的人，往往是那些願意不懈努力、忍受困難並堅持到底的人。世界上沒有「一步登天」的成功，所有成就背後都藏著無數的努力與堅持。

創業者的成功故事

2019 年，臺灣青年創業家葉德偉創立了配客嘉（PackAge+），專注於可重複使用的循環包裝，以減少電商物流中的一次性塑膠垃圾。葉德偉曾在經營電商時發現，單次使用的紙箱與塑膠袋被大量浪費，於是萌生打造環保包裝的想法。

然而，初期配客嘉面臨市場接受度低、消費者習慣改變困難、資金短缺等挑戰，甚至一度難以推廣。面對困境，葉德偉選擇堅持，透過群眾募資與政府補助獲得資金，並與電商平臺、物流業者合作，推出租借回收機制，讓消費者在購物後可退還包裝，以達成循環利用。

經過數年的努力，配客嘉在2023年與超過100家品牌合作，建立4,500個回收據點，成功改變了網購市場的生態，並獲得許多企業與消費者的支持。

案例啟示

這個案例說明，創業的成功並非來自幸運，而是來自面對困難時的堅持與智慧。許多時候，創新理念會受到現實的挑戰，但那些能夠在逆境中找到機會並持續前行的人，才真正能夠改變市場、實現影響力。

成功者的共通特質

成功的人與普通人的區別，並不在於天賦或背景，而是在於是否願意堅持、是否能夠在面對困難時不輕言放棄。以下是成功者的幾個共通特質：

1. 擁有明確的目標

夢想並不是模糊的幻想，而是一個清晰且可行的目標。例如：「我要創辦一家環保企業」，而不是「我想變得富有」。

設定具體的短期、中期和長期目標，確保每一步都有清楚的方向。

2. 擁有堅強的意志

成功者懂得面對失敗並從中學習，而不是被失敗打倒。

2023 年，全球知名企業家馬斯克（Elon Musk）面臨特斯拉股價暴跌和 SpaceX 發射失敗的雙重打擊，但他選擇堅持技術創新，最終再度翻身。

3. 保持學習與成長

持續學習新知識，提升自我競爭力，確保自己在變化的環境中不被淘汰。

許多頂尖企業家每天至少閱讀一小時，以確保自己能夠持續吸收新知。

4. 勇於面對挑戰

成功者從不逃避困難，而是勇敢迎接並尋找解決方案。

例如：疫情期間，許多實體店家轉向線上銷售，透過電商平臺找到新的商機。

5. 擁有良好的人際關係

任何成功都不是孤立完成的，與他人建立良好的合作關係，是達成目標的重要因素。

例如：創業者若能找到志同道合的夥伴，就能大幅提升成功機率。

如何培養堅持的精神？

1. 建立正確的心態

◆ 失敗不是終點，而是學習的機會。將困難視為挑戰，而不是阻礙。

2. 設定可行的計畫

把目標分解為小步驟，並逐步實踐。例如：如果你的目標是成為作家，那麼每天寫 500 字，長期累積就能完成一本書。

3. 尋找激勵來源

與積極進取的人相處，讓自己的環境充滿正能量。

閱讀成功人士的故事，讓自己不斷受到激勵。

4. 不斷調整與優化

有時候，我們需要改變策略，而不是放棄目標。根據現況適時調整計畫，讓自己更接近成功。

5. 記住「為什麼開始」

當你想要放棄時，回想當初為什麼選擇這條路，這將幫助你找回堅持的動力。

堅持到底，就是勝利

人生的成功並不取決於天賦，而是取決於你願意努力多久、能夠堅持多久。當你在追夢的道路上遇到困難時，不要害怕，因為這正是考驗你的時刻。成功的人並不是從不跌倒，而是每次跌倒後都能重新站起來。

記住：

- **有目標的人，才能創造未來。**
- **堅持到最後的人，才是最終的贏家。**
- **每一次挑戰，都是讓自己更強大的機會。**

從今天開始，堅持你的夢想，並為它努力奮鬥，你將會發現，成功並不遙遠！

失敗是成功的養分

失敗的價值與意義

在追求成功的道路上，失敗往往是無法避免的一環。然而，真正決定成敗的，並非失敗本身，而是我們對待失敗的態度。許多時候，我們害怕失敗，將其視為羞辱或終點，但事實上，失敗正是通向成功的捷徑。正如美國發明家愛迪生所說：「我沒有失敗，我只是發現了一萬種行不通的方法。」成功者並非從不失敗，而是能夠從失敗中學習並成長的人。

新創企業的成功轉型

NextPack —— 創新環保包裝

NextPack 是臺灣一家專注於環保包裝材料的新創公司，致力於減少電商包裝中的塑膠浪費。他們開發了 **100%可回收蜂巢紙包裝**，取代傳統的塑膠氣泡袋，並獲得 FSC 認證。

轉型關鍵：

- 初期市場接受度低，消費者仍習慣使用塑膠包裝，導致推廣困難。
- 團隊不斷優化設計，確保包裝的耐用性與保護力，並積極與電商平臺合作試行。
- 經過市場測試與調整，產品逐漸獲得青睞，最終進入各大電商通路，成功改變市場對環保包裝的認識。

➡啟示：技術創新與市場推廣並重，才能真正改變消費習慣。

里仁 —— 可堆肥塑膠袋

臺灣知名有機食品品牌「里仁」積極推動環保包裝，2017 年起推出可堆肥塑膠袋，並建立回收循環再利用機制，讓消費者可在門市回收使用過的包裝。

轉型關鍵：

- 初期市場接受度低，消費者擔心可堆肥塑膠袋的耐用性與成本問題。
- 透過與國際供應商合作，獲得歐美環保認證，提升產品可信度。
- 持續教育市場，鼓勵消費者回收使用，成功建立「自主回收循環」模式，讓環保包材發揮最大效益。

➡啟示：環保產品需要搭配市場教育與回收機制，才能形成真正的循環經濟。

盛食良品 —— 環保食器的循環經濟

「盛食良品」是臺灣集泉塑膠工業旗下品牌，致力於開發可回收的環保食器，並建立封閉式回收機制，確保產品 100%可循環再利用。

轉型關鍵：

- 創業初期遭遇市場不信任，企業與消費者擔心環保食器的實用性與回收問題。
- 團隊持續改進材料與設計，提升產品的耐用性，並設立專屬回收管道，確保產品不會變成一般垃圾。
- 透過 B2B 模式，與餐飲業合作，推動環保食器租借服務，成功打開市場。

➡啟示：解決消費者的疑慮，並提供完整的回收機制，是推動環保產品普及的關鍵。

從轉型到成功

這些企業的轉型故事說明：

- **技術突破**：透過不斷研發與優化，提高產品品質與實用性。
- **市場教育**：改變消費習慣需要時間，透過試行與推廣逐步建立認知。
- **策略調整**：尋找適合的商業模式，例如與大型企業合作、建立回收機制，提高市場接受度。

這些臺灣新創企業的成功轉型，證明環保創新不只是理想，而是透過堅持與策略調整，可以在市場上取得真正的成就。

為何失敗是通向成功的捷徑？

失敗讓我們學習與成長

每一次失敗都是一次檢討的機會，讓我們看清問題並找出改進的方法。

2022 年，AI 繪圖科技公司因過於倚賴單一市場導致財務危機，經歷調整後擴展至多元市場，成功扭轉頹勢。

失敗培養抗壓與適應力

面對失敗時，能夠快速調整心態的人，才有機會迎接未來的挑戰。

日本品牌 UNIQLO 曾於 1990 年代海外市場受挫，但後來調整策略，最終成為全球知名品牌。

失敗促使創新

許多創新都是來自於失敗的經驗。例如：3M 公司的便利貼，就是因為研發強力膠水時出現「失敗品」，結果意外發現了新市場需求。

如何面對失敗，轉化為成功的動力？

建立正確的心態

失敗是學習的一部分，沒有經歷失敗的成功是短暫且危險的。

2023 年，某 AI 繪圖公司因產品漏洞遭遇市場滑鐵盧，但透過客戶回饋調整策略，最終獲得更好的市場反應。

分析失敗的原因

是方法錯誤？還是時機未到？透過深入分析，找出改進的方向。

例如：2022 年某臺灣餐飲品牌進軍海外市場失敗，但透過市場調查後，重新調整菜單與品牌定位，最終成功進軍日本市場。

保持耐心與堅持

成功往往需要時間累積，不能因為一次失敗就放棄。

2024 年，臺灣一位年輕創業家開設手工甜點品牌，初期銷售慘淡，但他持續優化配方，透過社群行銷累積客群，最終成為熱門品牌。

調整策略，靈活應變

失敗後不代表要完全放棄，而是應該學會靈活調整。

許多企業在疫情期間轉向線上銷售，成功度過危機，這正是對環境變化的適應與調整。

尋找支持系統

和成功者學習，尋找導師或同伴，共同討論問題，從他人的經驗中獲取靈感。

參與創業社群、專業論壇，能夠讓我們從他人的經驗中學習，避免重蹈覆轍。

擁抱失敗，迎接成功

失敗不是終點，而是成功的必經之路。真正的成功者，並不是從不失敗，而是能夠從失敗中學習並勇敢前行的人。從今天開始，不要害怕失敗，而是將其視為人生最寶貴的學習機會。記住：「成功來自不斷的嘗試與堅持，失敗只是成功的墊腳石！」

勇往直前，不要猶豫不決

為何猶豫會成為成功的絆腳石？

在人生與事業的道路上，許多人並非缺乏才華或機遇，而是被「猶豫」所困住。他們過於考慮風險，過於擔心失敗，結果錯失了寶貴的機會。心理學家卡內基曾說：「機會是留給有準備的人，但更重要的是，機會是留給勇於行動的人。」如果只是在腦海裡描繪未來，而不付諸行動，那麼再美好的夢想也只是空想。

新創企業的突破

2021 年，新創企業「智慧家居」計劃開發智慧型家居系統，但因市場競爭激烈，團隊一度猶豫是否要投入研發資金。然而，創辦人最終決定放手一搏，在 2022 年推出智慧型家居系統，成功打入國際市場，並在短短兩年內營收成長三倍。這說明，成功者並非沒有猶豫，而是能夠在猶豫與行動間做出果斷決策，讓夢想落實。

敢想，才能突破現狀

確立明確的目標

成功者與普通人的差別在於，成功者不僅有夢想，還有具體的行動計畫。

2023 年，一位年輕廚師放棄穩定工作，創立個人品牌「無菜單料理」，透過獨特的風格在社群媒體爆紅，成功開設多家分店。

大膽創新，不怕挑戰

任何創新都伴隨風險，關鍵在於能否承擔後果，並持續學習與調整策略。

2024 年，一家臺灣電動機車公司研發新型電池，市場一度反應冷淡，但創辦人堅持改良技術，最終打入國際市場。

敢做，才能實現理想

行動勝於空談

許多人每天構思新計畫，但卻遲遲不願行動，結果夢想始終停留在腦海中。

一名臺灣青年在 2022 年創立手工咖啡品牌，原本只是小攤位，兩年後成為全臺連鎖，關鍵在於他從第一天就開始行動。

勇於面對挑戰

任何成就的獲得，都需要經歷試煉與挫折。

2023 年，一名插畫家將興趣發展為事業，剛開始遭遇市場冷淡，但他持續創作，最終獲得國際出版社合作機會。

敢當，才能成就非凡

承擔責任，才能贏得信任

成功者不會將問題推給他人，而是勇於承擔結果，並從錯誤中學習。

某科技公司創辦人 2022 年曾因決策失誤導致虧損，但他公開承認錯誤並調整策略，最終帶領公司逆轉勝。

領導力來自於擔當

當團隊面臨困難時，真正的領導者會站出來，而不是躲避問題。

2024 年，一名創業者在供應鏈中斷時，親自協調解決問題，最終獲得員工與投資人的信任。

行動是成功的唯一途徑

世界上充滿了「想成功但不敢行動」的人，然而，真正的成功者往往是那些願意付諸行動、不怕犯錯的人。機會稍縱即逝，若只顧瞻前顧後，最終可能一事無成。因此，從今天開始，停止猶豫，勇敢邁出第一步，讓夢想成為現實！

珍惜自我價值，活出獨特人生

不要用別人的長處貶低自己的價值

每個人都有自己獨特的才華與優勢，不應該因為別人的成功而否定自己的價值。人類社會的美妙之處在於多元，每個人都是獨特的存在，如同花園中的不同花朵，各有風采。當我們將自己的短處與他人的長處比較時，容易產生自卑與焦慮，反而忽略了自身的優勢。

成功者

2022 年，一名年輕創作者在社群媒體上看到許多同齡人透過短影音迅速成名，內心產生比較心理，覺得自己缺乏才華，無法成功。然而，他後來發現，自己的長處在於深入研究與寫作，於是開始經營專業型內容。兩年後，他的文章受到業界關注，並受邀出版專書，成為知名專欄作家。這個案例告訴我們，每個人的成功方式不同，關鍵在於發掘自身優勢，而非盲目比較。

適合自己的道路，才是最好的

每個人都有自己的時間表

有些人在年少時便獲得成功，有些人則需要較長時間累積經驗，重要的是找到自己的節奏。

2023 年，一位 40 歲的企業家才開始創業，卻在短短一年內創造千萬營收，打破了「年輕才能創業」的迷思。

專注於自己的長處

成功的關鍵不在於追隨別人的腳步，而是深耕自己擅長的領域。

一名 2024 年崛起的獨立音樂人，不依賴主流市場，而是透過獨特的創作風格，在特定族群中建立忠實粉絲群，最終獲得穩定收入與認可。

如何建立自信，不再比較

每天與昨天的自己比較

相較於與他人競爭，不如專注於自我提升。

例如：若今天比昨天多學了一項新技能，這便是一種進步。

將焦點放在自身的成就

列出自己過去一年內達成的目標，即使是小小的進步，也值得肯定。

2022 年，一名職場新鮮人雖然沒有快速升遷，但他透過持續學習，兩年後成為公司最具潛力的員工。

接受自己的不完美

沒有人是全能的，承認自己的不足，並學會欣賞自己的優點，是建立自信的關鍵。

珍惜當下，活出自我

人生不是競速賽，而是一步一步的旅程。我們應該珍惜自己擁有的一切，無論是親情、友情，還是自身的天賦與努力。停止與他人比較，專注於自己的道路，才能真正擁抱幸福與成就。

讓生活充實，活出精彩人生

填滿內心的空缺，讓生活充滿意義

印度有句諺語：「沒有子女的人感到房子空，沒有朋友的人感到心裡空，傻子們感到四面八方空，窮人們感到所有的一切都是空。」這句話深刻地點出了許多人生活中的空虛與無助。然而，真正讓生活充實的方法並非外在物質的累積，而是內心的豐盈與目標的確立。

現代社會中，人們時常抱怨生活枯燥乏味，無法找到真正的樂趣。忙碌的工作、單調的日常，讓許多人陷入機械性的循環，失去了生活的色彩。然而，真正的充實來自於內在的積極探索，而非外在環境的改變。讓生活充實，關鍵在於主動尋找意義，創造屬於自己的價值感。

案例分析：充實生活轉變

在 2021 年，一位原本熱愛旅行的年輕人因疫情影響無法出國，導致生活一度變得枯燥乏味。然而，他選擇將這段時間投入到學習攝影與寫作，開始記錄自己身邊的美好事物，並經營社群媒體，最終成功轉型為專業內容創作者。這個案例告訴我們，當環境無法改變時，改變自己的生活方式，便能找到新的充實感。

如何讓生活變得充實

透過工作找到意義

哲學家蕭伯納曾說：「如果將工作視為義務，人生就成了地獄；如果將工作視為樂趣，人生就成為樂園。」

2022 年，一位厭倦工作的上班族透過參與職場學習課程，提升專業技能，進而找到更有挑戰性的工作，讓生活變得更加充實。

培養興趣，豐富內心

藝術創作：學習繪畫、書法、攝影等，提高審美與創造力。

音樂陶冶：學習樂器或聆聽音樂，讓心靈獲得慰藉。

運動健身：跑步、瑜伽、登山等，不僅增進健康，也能讓心情保持愉悅。

閱讀與寫作：從書籍中獲取智慧，透過寫作抒發情感。

建立健康的社交圈

參與社群活動，結識志同道合的朋友，拓展視野與人際關係。

加入志工團隊，透過助人找到生活的價值與成就感。

學習新技能

透過線上課程或實體學習，挑戰不同領域的知識，如語言學習、烹飪、投資理財等，讓自己不斷成長。

避免沉迷於虛擬世界

網路時代雖然帶來便利，但過度依賴社群媒體或線上娛樂，可能導致現實生活更加空虛。適當使用科技，將時間投入到真正有價值的事物上，才能讓生活更加充實。

從「忙碌」到「充實」

現代人往往習慣於忙碌，卻忽略了真正的生活品質。忙碌並不代表充實，真正的充實來自於有意識地規劃生活，找到熱愛的事物，並在其中獲得滿足感。當你感到無聊或迷惘時，不妨問自己：「我真正想要的是什麼？」然後積極行動，讓每一天都充滿意義。

充實生活，擁抱幸福

人生的價值不在於我們擁有多少，而在於我們如何運用手中的資源創造幸福。當你學會珍惜當下，積極充實自己的生活，你會發現，真正的快樂來自於內心的滿足，而非外在的追逐。讓自己忙起來，活出精彩人生！

珍惜當下，擁抱幸福人生

學會珍惜，才能真正擁有

人生的精彩來自於每個人的獨特性與差異性。我們的成長環境、性格習慣與人生道路皆不盡相同，因此，每個人的生活方式與機遇也有所不同。然而，無論我們身處何種境遇，都應該懂得珍惜自己所擁有的一切。**珍惜當下，才能真正享受生活的美好。**

案例分析：生活體悟

近年來，全球經歷了許多不可預測的變局，使得許多人對於「擁有」的定義有了全新的體悟。例如：在疫情期間，許多人因為隔離而無法見到摯愛的家人，這讓人們重新認識到親情的重要性。而那些曾經習以為常的自由，如旅行、社交、工作機會，竟然在短時間內變得如此珍貴。這些經歷提醒我們，要把握當下，不要等到失去才來後悔。

為何我們總是在失去後才懂得珍惜？

習慣成自然

人們常將所擁有的一切視為理所當然，直到它被奪走時才會意識到它的價值。例如：健康、親情、友情，都是我們習以為常的事，直到某天失去時才會感到深深的遺憾。

過度比較，忽視自身幸福

當我們總是把自己的短處與別人的長處相比，就容易陷入無止盡的焦慮與不滿。事實上，每個人都有獨特的優勢，只是我們往往忽視了自己的珍貴。

沉溺於回憶，忽視當下

有些人總是活在過去的回憶中，回味曾經的美好，卻忘記珍惜當下的幸福。而有些人則是過度擔憂未來，錯過了當下可以擁有的快樂。

如何學會珍惜自己擁有的一切？

珍惜親情，感受溫暖

家人的關愛與陪伴是無可取代的。就像廣告中那位母親的電話叮嚀，雖然看似嘮叨，但這正是親情最純粹的表現。多一點時間陪伴家人，珍惜每一次相聚的時光，不要等到失去後才追悔莫及。

活在當下，感受幸福

與其羨慕別人的生活，不如專注於提升自己。每天提醒自己擁有的幸福，而非一味去追逐那些遙不可及的幻想。成功並非來自於過度比較，而是來自於充分發揮自身優勢。

學會感恩，增強幸福感

感恩是一種強大的力量，能讓我們更容易體會生活的美好。養成記錄每日感恩事項的習慣，例如「今天天氣很好，讓我有心情散步」、「朋友的一句問候讓我感到溫暖」。這些小小的幸福累積起來，就能讓人更容易知足常樂。

減少抱怨，專注解決問題

抱怨無法改變現實，只會讓自己陷入負面情緒的循環。遇到困難時，與其抱怨，不如思考解決方案，並從中學習與成長。

不要浪費當下的機會

人生沒有「如果」，只有「當下」。當我們意識到時間的寶貴時，就不會輕易浪費它。無論是學習新技能、提升自我，還是好好享受一頓飯、與家人共度時光，這些都是值得珍惜的時刻。

珍惜擁有，創造更幸福的人生

人生沒有重來的機會，我們唯一能掌控的，就是此時此刻。不要等到錯過了才後悔，也不要把時間浪費在無謂的比較與抱怨中。學會珍惜，才能真正擁有；學會感恩，才能真正幸福。讓我們用一顆珍惜的心去迎接每一天，活出最充實、最幸福的人生！

知足常樂，擁抱幸福人生

別用自己的短處比別人的長處

每個人都是世界上獨一無二的存在，如同花朵，各有姿態，各具美麗。然而，許多人總是習慣性地與他人比較，忽視自己的獨特之處，甚至因為別人的成功而產生自卑感，這樣的思維往往讓人陷入無盡的焦慮與不安。

在當今社會，許多父母將「比較」作為教育的一部分，動輒以他人的孩子作為標竿，試圖激勵自己的孩子進步。當父母說：「看看別人家的孩子多麼聰明、懂事，而你怎麼這麼笨？」這種言語或許出於善意，但卻無形中傷害了孩子的自尊心，甚至讓孩子陷入自我懷疑的泥沼。事實上，每個人的性格、興趣、才能各不相同，與其將孩子置於無謂的競爭中，不如鼓勵他們發掘自身的長處，讓他們以自我成長為目標，真正建立自信。

失敗的痛苦來自錯誤的比較

一則寓言故事講述了一隻烏龜試圖爬過一面高牆，儘管屢次失敗，牠仍不斷嘗試。然而，當牠看到另一隻體型更小的烏龜成功翻越高牆時，便開始懷疑自己，最終放棄了努力。這隻烏龜並非因為自己的失敗而痛苦，而是因為別人的成功使它產生了無力感。

在現實生活中，許多人也會陷入類似的困境。與其因別人的成功而感到氣餒，不如將其視為激勵自己的契機。若那隻小烏龜能夠翻越高牆，那麼只要堅持努力，相信自己，也有機會達成目標。真正的成長，不是與他人比較，而是與過去的自己比較，確保每天都比昨天進步一些，才能真正邁向成功。

發現自身優勢，享受成長的喜悅

無論身處何種環境，每個人身上都擁有獨特的優點。這些優勢或許微小，卻能成為人生旅程中的指引，幫助我們走向成功。當我們學會欣賞自己的長處，就能在面對困難時保持信心，不輕易放棄，在取得小小的成就時，也能懂得謙遜前行。

事實上，人生的起點雖然相似，但每個人的際遇、環境、特質皆有所不同。與其羨慕別人的成就，不如聚焦於自身的潛能，挖掘並發揮自己的優勢。只要找到屬於自己的價值，成功的距離就不會太遙遠。

珍惜當下，活出真正的自我

總是將自己與他人比較，只會讓人愈發焦慮與迷失方向。就如同指紋般，每個人的生命歷程都是獨一無二的，沒有必要為了迎合社會的標準，而犧牲自己真正的渴望與追求。幸福並非來自於擁有最多，而是來自於知足於當下，珍惜自己所擁有的一切。

生命的價值不在於速度，而在於品質。不要讓日子在焦慮與比較中悄然流逝，而是應該用心體會每一天，珍惜親情、友情與智慧，享受自己的人生旅程。當我們不再與他人較量，而是專注於活出最真實的自己，便能在每個當下感受到幸福的意義。

知足常樂，方能真正幸福

幸福並非來自外在的比較，而是來自內心的滿足。學會欣賞自己的優點，接受自身的獨特性，不因他人的成就而妄自菲薄，也不因短暫的挫折而否定自己。人生最值得珍惜的，不是與他人競爭的勝敗，而是能夠坦然地接受自己，走好屬於自己的道路。

讓生活充實，找到真正的幸福

擁抱充實，而非虛無

印度諺語說：「沒有子女的人感到房子空，沒有朋友的人感到心裡空，愚笨的人覺得四面八方皆空，窮人則覺得所有一切都是空。」這句話揭示了人們內心的空虛感，這種感覺並非來自物質上的匱乏，而是來自精神上的貧乏。當生活缺乏方向與目標時，人們往往會感到無所適從，甚至因此而陷入消極的狀態。

現代社會的節奏極快，每個人都在忙碌：大人為工作奔波，孩子為升學煩惱，年輕人忙於進修與提升自己，長者則透過運動與社交保持活力。然而，當那些習慣於忙碌的人突然閒下來，往往會產生強烈的空虛感，如同失去重心般不知所措。這種空虛，正是因為長久以來缺乏內在的充實感，過於依賴外在的事務來填補內心的空白。

忙碌與快樂之間的平衡

許多人認為，讓自己忙碌起來就能減少痛苦，甚至遠離焦慮。然而，真正的充實不只是讓時間排滿，而是找到內心的寄託。人們習慣透過網路娛樂來填補空閒，然而當這些數位體驗取代了真實世界的互動時，孤獨感反而會加深。研究發現，當人們長時間遠離網路時，反而更能體會到現實生活的可貴，學會珍惜真實的人際關係與日常的點滴幸福。

這就如同一句話所說：「失之東隅，收之桑榆。」當我們過於忙碌時，容易忽略生活的快樂，而當我們過於閒散時，又容易感到空虛。真正的智慧，在於在兩者之間找到平衡，既不讓自己過度勞累，也不讓生活變得毫無目標。

透過工作與興趣讓生活豐富

日本企業家松下幸之助曾在《路是無限的寬廣》中提到：「工作就是生活的中心。」的確，工作不僅是生存的手段，更是實現自我價值的重要方式。求學的目的，是為了找到適合的工作；退休後，許多人仍選擇繼續發揮餘熱，因為他們明白，當一個人停止對世界的參與，生活便會變得無趣。

蘇聯作家高爾基曾說：「如果將工作視為義務，人生就是地獄；若將工作視為樂趣，人生就是天堂。」這句話揭示了心態對於生活的影響。當我們把工作當成一種享受，而非單純的責任時，便能從中找到成就感與滿足感。

當然，除了工作之外，培養興趣與愛好也是充實生活的重要方式。學習音樂、美術、運動、寫作、下棋或閱讀，不僅能讓生活變得有趣，也能提升自我的內在價值。每個人的興趣不同，但只要找到真正讓自己感到快樂的事物，就能讓日子過得更加有意義。

避免虛無，活在當下

現代社會的誘惑眾多，許多人過度沉迷於短暫的快樂，例如長時間沉浸於網路世界、過度消費、無休止地追求外在認同。然而，這些行為往往只會帶來更深的空虛感，因為它們缺乏真正的意義。

真正充實的人生，來自於對現實的參與，而非活在幻想與比較之中。許多人抱怨自己的生活不如別人，覺得自己沒有成功的父母，或是埋怨社會不公平，卻未曾真正努力過。其實，幸福並不來自於外在的條件，而是來自於內心的滿足感。如果一個人能夠珍惜自己擁有的事物，並積極面對生活中的挑戰，那麼即便環境艱難，他依然能夠找到屬於自己的幸福。

讓生活充實，遠離煩惱

1. **設定目標**：無論是短期還是長期的目標，都能讓人生變得更有方向。例如：學習一項新技能、培養運動習慣，或是規劃一場旅行，這些目標都能讓生活更加充實。

2. **找到內心的熱情**：每個人都有自己熱愛的事物，無論是藝術、運動、科技或寫作，只要能夠投入其中，便能找到生活的樂趣。

3. **維持健康的社交關係**：與家人、朋友保持聯絡，參與社交活動，能讓內心感到溫暖，減少孤獨感。

4. **學會享受當下**：不要總是活在過去的遺憾或未來的焦慮之中，真正的幸福來自於珍惜當下的每一刻。

讓自己充實，找到真正的快樂

蕭伯納曾說：「讓人愁苦的祕密，就是有時間去思考自己到底幸不幸福。」這句話點出了許多人痛苦的根源——生活太空洞，導致內心充滿焦慮與不安。

當一個人將注意力集中於有意義的事物，並讓自己保持積極的生活方式，便不會陷入無謂的煩惱之中。無論是透過工作、興趣、社交，或是單純地欣賞生活的美好，都能讓人生變得更加豐富。真正的幸福，不是來自外界的比較，而是來自內心的滿足。當我們學會珍惜當下，活在充實的生活中，就能真正體會到生命的美好與快樂。

寬容之道：學會原諒，放下怨恨

生活中的傷害與困境

在人生旅途中，每個人都難免會遭遇傷害，或來自親人、朋友、伴侶，或來自同事、社會環境。這些傷害可能是無意的，也可能是刻意的，但無論如何，它們都會讓我們感到憤怒、委屈，甚至長期陷入怨恨的深淵。當我們無法放下時，內心的痛苦就會像千斤重的枷鎖，壓得我們喘不過氣，看不到陽光，也感受不到生活的美好。

然而，真正能讓自己解脫的，不是計較與報復，而是學會放下與原諒。原諒不代表認同對方的錯誤，而是一種選擇——選擇讓自己自由，選擇讓自己不再被負面情緒綁架。

原諒的力量：放下怨恨，擁抱快樂

原諒是一種包容，也是一種智慧。當我們願意放下心中的憤怒與不甘，就能釋放內心的壓力，讓自己回歸平靜與自由。如果我們總是緊抓著仇恨不放，這些負面情緒就像雜草一般，在心田裡肆意生長，最終吞噬我們的快樂與幸福。

生命是短暫的，在有限的歲月裡，還有太多美好的事物值得我們去珍惜與追尋。與其把寶貴的時間浪費在計較過往，不如把精力放在創造更美好的未來。原諒別人，其實是在成就自己，因為當我們選擇寬容，便提升了自己的心境，也讓自己擁有更廣闊的人生視野。

真正的修養：學會寬容他人

擁有一顆包容的心，不僅能讓我們自己活得更輕鬆，也能影響身邊的人，營造更和諧的人際關係。古人云：「大度能容，容天下難容之事；慈悲能愛，愛世間可愛之人。」寬容不是懦弱，而是一種氣度，是一種高尚的品格。

試想，如果我們的社會充滿寬容與諒解，那麼家庭會更加和睦，朋友會更加親近，社會也會更加溫暖。反之，如果每個人都斤斤計較，彼此敵對，那麼矛盾與衝突只會不斷加深，生活也會變得壓抑而痛苦。

原諒的智慧：放過別人，也是放過自己

許多人在面對自己過錯時，總是容易原諒自己，但當別人犯錯時，卻無法輕易放下。這樣的心態，使我們陷入自我矛盾的狀態，既無法真正釋懷，也讓自己承受更多不必要的煩惱。

原諒他人不是盲目縱容，而是給對方改正錯誤的機會，也是讓自己從怨恨中解放的途徑。原諒並不代表遺忘，而是選擇

用更寬廣的視野去看待人生，讓自己從糾結與痛苦中走出來，迎向更美好的未來。

放下仇恨，讓心靈獲得真正的自由

怨恨是一個惡性循環，而原諒則是一個良性的開端。仇恨只會讓我們困在過去，而寬容則能帶領我們邁向未來。試著換一種角度思考，學會體諒他人的難處，也給自己更多成長的空間。

人生數十載，與其活在怨懟與不甘之中，不如選擇活得自在快樂。學會原諒，是送給自己最珍貴的禮物。當我們願意放下執念，敞開心扉，便能發現世界比我們想像的更美好，而自己的內心也將因此變得更加寧靜與幸福。

學會原諒，擁抱更美好的人生

真正的強者，不是那些計較一切的人，而是那些懂得原諒與放下的人。當我們願意放下過去，寬容他人，也等於為自己打開了一扇幸福之門。讓我們學習寬容，用愛與善意對待世界，如此一來，人生將會更加美好，心靈也會更加富足。

電子書購買　爽讀 APP

國家圖書館出版品預行編目資料

幸福力投資，人生的最佳「獲利」模式：正確取捨 × 改變思路 × 果敢行動，卸下外在累贅，迎接內在的豐盈 / 陳浩然 著 . -- 第一版 . -- 臺北市 : 財經錢線文化事業有限公司 , 2025.06
面；　公分
POD 版
ISBN 978-626-408-293-8(平裝)
1.CST: 人生哲學 2.CST: 自我實現 3.CST: 生活指導
191.9　　　　114007562

幸福力投資，人生的最佳「獲利」模式：正確取捨 × 改變思路 × 果敢行動，卸下外在累贅，迎接內在的豐盈

臉書

作　　者：陳浩然
發 行 人：黃振庭
出 版 者：財經錢線文化事業有限公司
發 行 者：崧燁文化事業有限公司
E-mail：sonbookservice@gmail.com
粉 絲 頁：https://www.facebook.com/sonbookss/
網　　址：https://sonbook.net/
地　　址：台北市中正區重慶南路一段 61 號 8 樓
8F., No.61, Sec. 1, Chongqing S. Rd., Zhongzheng Dist., Taipei City 100, Taiwan
電　　話：(02) 2370-3310　　傳　　真：(02) 2388-1990
印　　刷：京峯數位服務有限公司
律師顧問：廣華律師事務所 張珮琦律師

定　　價：350 元
發行日期：2025 年 06 月第一版
◎本書以 POD 印製
Design Assets from Freepik.com